我那不完美卻幸福的單親旅程

黎詩彥——著

目錄

03

單親給我的禮物

推薦序

讓你隨著閱讀，譜寫自己的生命之歌

前台大共同教育中心、政大心理系兼任助理教授 **錢玉芬**

這是一篇不好寫的推薦文！

誇讚詩彥勇敢、有智慧、有愛心，顯得我的讚美太虛弱；誇讚詩彥文筆了得，這本書說理清晰、感情豐富、理性感性兼具……顯得不懂作者的心，雖然這些誇讚在這本書中都是：是的！

詩彥是我的學生，我可以算是她心理學的啟蒙老師。當年是政大廣電系高材生的她外形亮麗、才華洋溢、口才一級棒，是我對她的深刻印象。但是在多年後的師生重逢，竟然是在她成為三個孩子的單親媽媽之後，又心疼又擔心自然不在話下，於是默默的在臉書上追蹤她，成為她和她孩子們的粉絲。

臉書上常看到她們母女四人歡笑（甚至是搞笑）的分享，心裡不禁自忖：這是真的嗎？這個媽媽在強顏歡笑嗎？她是怎麼辦到的？如果是我，我完全沒有把握可以走出這樣的陰霾、承擔這樣的壓力，如果她們的歡笑是真的，那我這個學生真是值得我學了！直到打開詩彥這本新書，心裡原本的擔心與許多問號，隨著她誠懇、真摯、不造作的文字，漸漸轉化成佩服與放心，放心不是認為她未來不會再有困難了，而是知道她已經悟到了祕訣、找對的方向。

讀詩彥的書，你最好播放著最喜愛的輕音樂、泡一杯清茶或咖啡、拿一枝好寫的筆和美美的筆記本，慢慢的閱讀。讀到再同意不過的句子時你要記下來；讀到跟你很相似的故事情節時，你要寫下你的故事；讀到令你共鳴的心情描述時，你想流淚、想大笑，都好！總是別忘記對自己的心情忠誠，讓你的情感流暢。也許你會經歷到不知如何是好的情感翻騰，這個時候你可以閉上眼聽著音樂，仰望上天，把你心中的意念都訴說出來，這種傾倒會帶來療癒，也會牽動天地間的愛的力量。然後你會發現隨著閱讀詩彥的書，你也譜寫出自己的生命之歌了……。

從在類單親的家庭長大到最後成為不折不扣的單親媽媽，詩彥的記事充滿真誠的理解，在挫折難過時的轉念，會讓讀者充滿行動的力道，她對單親媽媽的提醒與告誡都擲地有聲！因為不管是從單親子女或單親媽媽的角度，她所敘說的點點滴滴都充滿說服力。

於是闔上書我也閉上眼，仰望並感謝上天，因為深深的覺得，詩彥是上天預備給這個世代一份珍貴的禮物。

推薦序

用愛與接納，成為滋養孩子的家長

失親兒福利基金會董事長 **黃寶慧**

第一次見到詩彥，印象最深刻的是她溫暖的笑容，可以感受到那樣的微笑，是發自內心對生命有熱情的人才會有。她的臉上沒有因種種困境而對生命絕望的哀傷，她的眼神帶著對眼前人、事、物的好奇與熱忱。聽著詩彥分享自己的故事，除了心疼她面對突然失去丈夫時不得不的堅強外，更多是欽佩她的勇敢與她生命的韌性。

失親兒福利基金會所服務的家庭裡，每一位家長都經歷了與詩彥相似的境遇……在沒有任何的選擇下，被迫經歷自己所愛的另外一半離開這個世界，沒有其他辦法，只能承擔起獨自照顧孩子的責任，自此成為「單親家長」。面對失去配偶的悲傷失落，沒有時間好好讓心裡的傷痛復原，只能擦擦眼淚，撐著自己破碎的身、心、靈，獨自一人成為孩子們的避風港與依靠，而心中的孤單與傷痛，似乎沒有人可以明白與安慰。

父兼母職，母兼父職，家中各樣大小事，關於孩子們的每件事，只能自己一個人全包全扛，沒有另外一半可以當豬隊友，只有自己當自己的神隊友。我們時常陪伴這些單親家長們，經歷生活中的各種酸甜苦辣，時常被他們因著無條件的愛來愛孩子而感動，再怎麼辛苦，為了孩子也要再多努力一些。第一線社工與這些單親家長互動時，最常被問到的是：「該怎麼教養自己孩子？」也發現家長們在自己的身上，貼了好多關於「單親家長」的刻板標籤，並因此自我設限了教養的能力與發展性。

從詩彥分享她與家中三個女兒互動，我聽到了一個單親媽媽最真實的心聲與故事。在這本書中，很清楚可以看到詩彥希望用親身的經歷，幫助單親家長撕下自己或傳統社會所貼的偏見標籤；在教養孩子的過程中，如何調適自己身心的壓力、如何回應孩子的問題、該怎麼來面對與處理社會文化所給的壓力等。

詩彥藉由文字，將自身與三個不同年齡層孩子的生活經驗與專家們的教養建議和回饋，做了很完美的結合。她能明白與深刻體會單親家長所經歷的心路歷程，跳脫自我設限的框架，用愛與接納承接起家長的身分。

我將這本好書推薦給您，希望您閱讀完此書，可以更真實的做自己，成為滋養孩子的家長。

我也藉此分享失親兒福利基金會的工作，五十二年來，我們已經幫助全台超過一萬兩千位爸爸或媽媽過世的孩子。若您身邊有需要幫助的對象，歡迎主動連絡，讓我們一起陪伴失親的孩子和家長，走出憂傷，迎向希望。

推薦序

珍惜人生每個階段的自己

「林叨囝仔」粉絲團主 **陳珮芬**

在現今的社會，單親問題何其廣泛，我自己的交友圈就不乏許多的單親爸媽，更別說類單親、偽單親的情形，更是幾近普遍的現象。

第一次知道詩彥，就是在她先生Gary過世後，以單親媽媽身分，所接受採訪的報導。其實當下的我，已被故事中的情緒給籠罩，難過得久久無法自已，也沒辦法將整篇報導讀完。

當時，聽到這個故事，第一個感受是不捨。心疼一個女人失去了她的摯愛，並且，在還沒來得及接受噩耗降臨的事實前，就必須接手整個家，一肩扛起家計，扶養一窩嗷嗷待哺的孩子，甚至有一個是甫出生十天的新生寶寶！

別說那痛徹心扉的離別、肝腸寸斷的思念，這都是想像中的事，拖垮喪偶之際的人妻似乎也是理所當然。但詩彥的正面、樂觀解救了她，也靠著基督信仰讓她戰勝困境，並且選擇與她的命運和解，甚至活得更豐盛、更精采。

我自己生長在雙親家庭，也正在雙親的環境下扶養五個孩子，或許跟單親兒不上關係，卻被深深鼓勵。

雖然，長時間一打五的我，可以稱得上是偽單親也不為過，但卻也完全說不上感同身受，至少，在遭遇困難之際，我還有肩膀可以靠著；有人陪我笑、陪我難過。

但，詩彥說：「沒有人的志願，是成為一位單親媽媽。」如果可以選擇，誰不希望童話故事般的劇情發展，但，人生並不是我們說了算，意外不會等到準備好的時候才降臨，準確來說，沒有人有預備好的一天。

我們有時會抱怨生活上的瑣事，計較誰付出的多，甚至列舉對方的缺點，但事實上，這些看起來擾人的日常，都是一種恩典。或許，更多的珍惜，才是婚姻家庭的解藥，因為，不知道是否有一天，這一切將變成奢侈。

詩彥勇敢將她看似落入深淵的經歷、被迫成為單親媽媽後的心路歷程，毫無保留與大家分享，整本書的正能量展露無遺，苦澀配上甘甜，讓人淚中帶笑！

不管看這本書的你或妳，正處在人生的哪個階段、經歷哪個光景，不論是美滿或破碎、順境或逆境、雙親或單親，相信你都會被作者的經歷所感動，被她的心志所鼓舞。

願每一位讀者，都能敞開心接納自己，與任何階段的自己和平共存。

作者序

單親路上，你並不孤單

想要寫一本關於單親媽媽的書，是從很久以前就有的想法。隨著社會離婚率不斷高升，獨自撫養孩子的單親媽媽是為數龐大的一群人，但是，她們通常也是靜默無聲的一群人。因為生活的壓力榨乾了她們的精力，忙碌的汗水模糊了她們的臉孔，她們一心只想為孩子爭口氣或掙口飯，很少有時間去端詳自己臉上新長出來的皺紋，或是去撫平塵封已久失婚的傷痛。

我的母親就是這樣的單親媽媽。我在她身上看見一個單親媽媽的堅強、偉大，也看見一個單親媽媽的羞愧、自卑，這讓我從小就下定決心：「我絕對不要成為單親媽媽。」

然而，天不從人願，也或許是「莫非定律」作祟，在我婚後第七年，當時我的大女兒即將滿六歲，二女兒一歲十個月大，第三個孩子才剛出生十天，我先生就因為癌症離世，我成為了自己最不想成為的單親媽媽。

「上帝是在捉弄我嗎？」我生氣過、崩潰過、痛哭過，最後在禱告中，我決定與自己的命運和解，謙卑接受上帝給我的計畫和託付。

我沒有能力創造或改寫我的命運，但是卻可以學習在苦難中活出超越環境的喜樂，在挑戰面前懷抱著堅定的信心和希望。我不想當一個偉大的單親媽媽，我要當一個快樂的單親媽媽，用正向樂觀的態度、勇敢從容的信心，為孩子做出最好的示範。

這才發現，原來我的前半生，都在為今天這個職分做預備。我成長歷程中那些因單親而幽暗、破碎的部分，如今成為我最好的借鏡和經驗。我比任何人都了解單親孩子的心聲，我很清楚單親孩子有哪些隱而未現的傷口，所以我學習用更細膩的方式，幫助孩子們身心健康的成長。

我也對我的母親——典型上一輩的單親媽媽——有了更深的同理。這群一手撐起整個家的堅毅女性，委屈只能往肚子裡吞，她們很少開口說出她們的需要，一方面是因為她們不知道該如何表達，另一方面是因為，她們忙到連自己需要什麼，都沒有時間細細思考。現在，我站在她們的位置，扮演她們的角色，才真的明白，單親媽媽需要的不是關心或同情，她們需要的無非是一聲肯定，希望能聽見有人對她說：「你已經做得很好了！」

這正是我虧欠我母親的一句話，還好，我還有機會對她說。

我們家的故事曾經被一些媒體報導，引起閱聽眾熱烈的迴響。有許多網友來我的臉書粉專留言，為我加油打氣，也有一些讀者傳訊息對我說：「我也是一位單親媽媽，謝謝你寫出了我的心情，你的文字帶給我很大的安慰。」

我想，這世代有很多單親媽媽，我們比上一輩的單親媽媽思想更前衛、開明，資源和機會也更多；但我們仍然和上一輩的媽媽一樣，忙碌的繞著孩子轉，很少有時間停下來重新認識自己、安頓身心，很少有時間靜下來去欣賞、回溯這條單親旅程，沿路風景竟是如此驚豔又絕美！即使這條路上只有你一個人，但若大家都是獨自一人，那我們也就不孤單了。

撰文之際，正是嚴重特殊傳染性的新型病毒（COVID-19）大流行的時期，全球有成千上萬人受感染而死亡。每一個死亡案例的背後，可能就是一個破碎的家庭，加上離婚率年年飆高，每一天都有很多「新出爐」的單親家庭。

很可惜的是，雖然單親家庭每天都在增加，但是關於單親媽媽的心理建設、單親孩子的教養方式，卻很少被討論。

朋友跟我開玩笑：「大多數人都寧可去搞懂憂鬱症是怎麼一回事，也不會想去了解單親家庭和一般家庭有什麼不同，除非你是一個患了憂鬱症的單親媽媽，大家才會比較想要去理解你。」

我回應他：「如果大家都能更深去理解單親媽媽的難處，更重視單親孩子的教養，這個世界會少了很多憂鬱症患者也說不定啊！」

單親不是病，但是很多心理疾病都是源自於單親；單親不是問題，但是單親確實會遇到很多問題，而且這些問題通常都找不到答案。

過去兩年多以來，我翻遍學術研究報告，向教育專家、兒童心理師請益，逐漸摸索出一些教養單親孩子的心得，也感謝「失親兒福利基金會」的心理諮商師，給予我許多專業又實用的建議，幫助我做好單親媽媽的心理調適。期盼我走過的路，能夠為往後更多的單親家長尋找方向，讓我們的單親旅程能因為多了這本旅遊指南，腳步更加篤定、穩妥。

單親如你，單親如我，命運或許開了我們一場玩笑，但精采旅程才正要展開！期望這本書能夠帶給你一種心安的小幸福，讓你的心跟著文字溫暖起來，那麼，面對未知的明天，似乎也沒有什麼好擔心憂慮的了。

兩個大姊姊硬要擠進妹妹的嬰兒床，
三人的感情非常好。

01

單親新手的挑戰

無論是單親媽媽、雙親媽媽，
對孩子來說，我是她們唯一的媽媽。
也許往後在別人眼中，我是一個辛苦又可憐的單親媽媽，
但我不這麼定義自己，
管他單親還是雙親，我不過是一個母親。

我怎麼會淪落到這個地步！

記得大女兒希希四歲時，很喜歡玩「扮演媽媽」的遊戲。有一次，她雙手環抱著洋娃娃，很得意的告訴我：「媽媽，這是我的小寶貝，我是她的媽媽，我要餵她喝牛奶，幫她換尿布。」

「哦，你是她的媽媽啊，那她的爸爸呢？」我隨口問。

希希搖搖頭，說：「她沒有爸爸，只有媽媽。」

「那她不是很可憐嗎？」

「不會啊，」只見希希望著懷中的洋娃娃，很溫柔的說：「小寶貝，媽媽會好好照顧你的。」

沒想到，才過了兩年，這樣的劇情竟然在我們家中真實上演，主角換成是我這個正牌媽媽，但我懷中抱著的不是洋娃娃，而是才出生十天的老三，聯袂登台的還有將滿六歲的大女兒、近兩歲的二女兒。她們的爸爸去了天堂旅行，我則在地球表面，開始了我的單親旅程……。

一切努力從此刻歸零

某個陰雨綿綿的下午，我在戶政事務所辦好先生的除戶手續，當我拿回一張配偶欄空白的新身分證時，就像是一個做完夢的人，癱坐在戶政事務所的沙發上，第一次感受到：「原來這一切都是真的！」

細數七年的婚姻，一路上有笑有淚，有好多刻骨銘心的回憶，到頭來卻只是一場空，我終究還是孤單一個人，必須獨自走我的人生路，那麼，過去所付出的那些努力、犧牲、代價，又算什麼？

和許多人一樣，我們從小到大按部就班的讀書，一心只想拚出好成績、擠進好學校，長輩們說：「現在的耕耘是為了將來的收成。」所以我們絲毫不敢大意，總是要求自己再多撐一小時、再多走一里路。

進了職場，我們依舊一步一腳印，拿出最好的態度、使出最大的力氣，把握各種機會往上爬，利用工作以外的時間繼續進修，賺來的錢不敢隨便亂花。如此認真、謹守的工作和生活，就是為了許自己一個更好的未來。

終於，那個未來出現在眼前，你牽著他的手，步入紅毯的另一端。過去的耕耘和栽種，如今總算開花結果，你擁有了自己的家，享受著一份平凡甘甜的幸福。縱使在婚姻裡，挑戰從來沒有少過，但是面對再大的委屈，你也願意吞忍，因為沒有什麼比經營一個美滿的家庭更重要；即使曾經想要放棄，但是你終究還是咬著牙撐了下去，因為你相信，風浪過後，就能看見更美的彩虹。

我們花費近半輩子的心血，好不容易才把夢想化為現實；我們耗盡全部精力，無微不至守護家庭。然而，付出這麼多、撐了那麼久，最後卻換來了什麼？容我直說吧！我們這麼努力，可不是為了要成為一名單親媽媽的！我們從小到大寫作文「我的志願」，有寫過「我想要成為一名單親媽媽」嗎？在大多數人的觀感中，「媽媽」是一個高尚的身分；「單親媽媽」則像是一個悲劇性的角色。

三十八歲的我、空白的配偶欄、三名嗷嗷待哺的孩子……這一刻，我腦海裡不禁閃過一個念頭：「我怎麼會淪落到這個地步啊！」

我必須為了孩子而堅強

成為單親媽媽，從來就不在我的人生規畫之中。我自己是在單親家庭中成長的孩子，深知單親對孩子造成的缺憾。這些年，好幾次遇到婚姻觸礁，我都是靠著「想要給孩子一個健全的家，不想讓孩子在單親家庭長大」這樣的念頭支撐，才和先生破鏡重圓，持續堅守婚約。先生確診癌症末期後，為了能陪伴孩子長大，他積極接受治療，吃苦當吃補，然而最不想發生的，還是發生了；最不想面對的，還是得面對，而且只剩我一個人去面對……。

還好，因為有三個孩子等著我去照顧，所以我內心的悲傷小劇場，通常很快就必須喊停。

年輕的時候失戀，我有很多時間可以舔舐傷口、沉浸在悲傷之中，反覆思量這當中到底是哪裡出了錯。現在我雖然失去摯愛的另一半，但因為有三個寶貝在身邊，我每天忙碌的繞著她們轉，反而沒有太多時間細細品嘗眼淚的酸苦。

原以為媽媽的身分是在拖累我，其實這角色是在托著我，讓我必須堅強，必須勇敢，必須往前看；讓我雖然「淪落」卻不致「墜落」，雖然肩頭沉重，卻不至於被打趴，因為我還有更重要的任務在身！

單親就單親吧！無論是單親媽媽、雙親媽媽，對孩子來說，我是她們唯一的媽媽。也許往後在別人眼中，我是一個辛苦又可憐的單親媽媽，但我不這麼定義自己，管他單親還是雙親，我不過是一個母親。

我缺了老公，孩子們沒有爸爸，很可憐嗎？「不會啊。」我望著我的三個孩子，堅定的說：「小寶貝，媽媽會好好照顧你們的。」

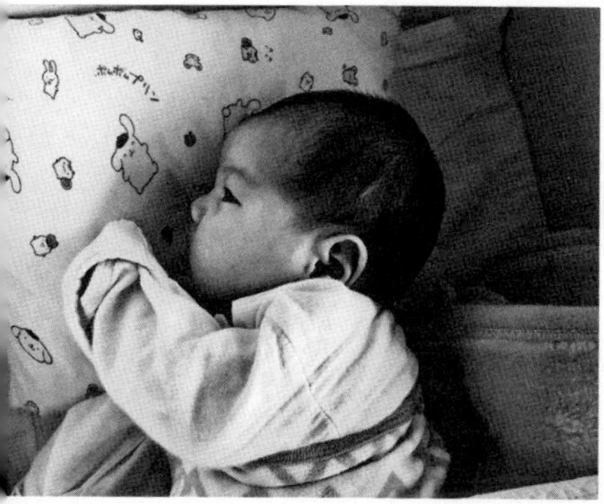

爸爸過世時，十天大的老三，襁褓中的嬰孩還不知道自己已經失去了父親。

單親不等於「人生失敗組」

別人是富二代，我則是單親第二代。在我成長的記憶中，我父母一直感情不睦、分隔兩地，母親熬到孩子都大了，在我十六歲那年，正式和父親離婚。

雖然主動提出離婚的是母親，但恢復單身後的她，背著傳統包袱，總覺得離婚是件羞恥的事，因而變得不喜愛與人交際，就連娘家的親人，她也刻意疏遠。

有很長一段時間，她鬱鬱寡歡。正值青春期的我，無法理解她的心情。有一次我出言頂撞母親之後，她哭著說：「我婚姻失敗，我教育失敗，我是個失敗的太太、失敗的媽媽，你還要我怎麼樣？」

止不住的眼淚，不只在她臉上，也在我心裡。除了感到心疼和不捨以外，我更覺得震驚！因為母親在我心目中，一直是個白手起家的女強人，也是個像大樹一樣，獨自撐起家庭經濟的超人媽媽。在她的帶領下，我們家兩個孩子的課業成績都很優秀，認識她的人都對她誇讚不已，為什麼她對自己的評價竟然如此低落？

單親的壓力，來自別人的眼光

現在，輪到我自己當了單親媽媽，終於能深深體會那股說不出口的自卑感。雖然理智上我知道：「現在社會單親媽媽很多，單親沒什麼奇怪的，也不必在意別人的眼光。」但是在人群中、在家長團體裡，我有時還是會覺得不自在，很怕別人問：「孩子的爸爸呢？」「你的老公呢？」

我不想說謊，但若說實話，這又是一個長長的故事，對方有時間聽完嗎？一旦聽完了，他又會怎麼評價我呢？

每個單親媽媽的背後，都有一個傷心的故事。有人未婚生子，基於種種考量，沒有和孩子的爸爸步入婚姻；有人因為被家暴而離婚，有人因為另一半外遇而離婚，也有人離婚是為了逃離婆婆的魔掌……說到底，婚姻破裂，不是自己的錯，就是對方的錯，通常是兩個人都有錯。而離婚這件事，讓人不得不面對自己的錯誤，也讓人連帶想到：「這麼糟糕的事發生在我身上，會不會是因為我本身就是個糟糕的人？」

英國有一間律師事務所，曾訪問了一千多位離婚者，發現約有一半的人在婚姻破裂後，會感到強烈的羞愧感，其中，有這種負面情緒的女性，人數是男性的兩倍以上，離婚者平均要經過四年多的時間，才能走出陰霾，恢復自信。

不能否認，單親媽媽的另外一個名字，稱為「愛情的輸家」。

單親媽媽最主要的壓力，來自別人的眼光。即使是像我這樣，因喪偶而成為單親媽媽，我沒有婚姻破裂，也知道一切並不是我的錯，仍很想逃避單親話題。

因為當別人知道我是單親媽媽時，通常會同情的說：「那你很辛苦耶！」「你需要幫忙嗎？」甚至有長輩直截了當的說：「你真是紅顏薄命啊！」單親媽媽的身分讓我很自然被歸類為「弱勢團體」，這不正是「人生失敗組」嗎？

盡力而為，開創逆轉的下半場

沒錯，離婚的確是女人感情史上的一顆毒瘤，喪偶或未婚生子也不是什麼光采的事，如果可以選擇，沒有人會想要走到這一步。但是別忘了，這齣灑狗血的連續劇才演到中場，精采大結局還在後頭！放牛班學生只要肯用功，就能急起直追，成為大黑馬；「人生失敗組」只要不放棄，一樣也有機會反敗為勝，開創逆轉的下半場。

每當我害怕別人的眼光時，就用《聖經》中的一句話安慰自己：「我們成了一台戲，給世人和天使觀看。」我把自己當成一個在演戲的人，原本我希望能夠扮演一位光鮮亮麗、被捧在手心的公主，沒想到被分配到的角色，卻是一個忙碌操勞、狼狽不堪的單親媽媽。雖然和高貴的公主相比，單親媽媽似乎臉上無光，絲毫沒有令人羨慕的地方，但是這樣的角色卻更能發揮演技，給觀眾留下深刻印象，而且在影展競賽中，往往更有機會得到「最佳女主角獎」！

當上帝分配給你一個爛角色，你只要盡力把它扮演好，一樣能夠贏得世人和天使的掌聲。

如果時光能夠倒流，我想擦乾我媽媽當年的眼淚，緊緊抱住她，告訴她：「你並沒有失敗，你只是選擇從不快樂的婚姻中走出來，你經歷了比別人更多的艱難和挑戰，我以你為榮。」

單親媽媽不是「人生失敗組」，我們是「人生進階組」！

從「合夥教養」變「獨資照顧」

每天晚上睡覺前，我都會和孩子們一起圍在床邊，大家輪流開口向上帝禱告。

大女兒希希經常這麼禱告：「親愛的耶穌，請祢讓媽媽照顧我們三個小孩不要那麼辛苦，讓媽媽不用花太多時間工作，但是可以賺到夠用的錢，讓三寶妹晚上乖乖睡覺，這樣媽媽才可以睡得好……。」

媽媽需要上帝幫忙的地方還真多！這一連串長長的心願清單看似微小，卻每一項都需要老天爺的眷顧。

希希很貼心，總是不忘為媽媽禱告。我知道，她小小的心靈埋藏著許多擔憂，她擔心爸爸過世了，萬一媽媽也倒了，該怎麼辦？

希希是我一手帶大的，在正式成為單親媽媽之前，我過了好長一段「偽單親」的日子。

在希希出生前，我對「帶孩子」這件事懷抱著天真的想法，以為和照顧小貓小狗差不多，沒想到有了孩子以後，我的世界瞬間崩盤。

新生兒每隔三、四個小時就要喝一次奶，一喝就是一個多小時，我生產的醫院響應政府育兒政策，鼓勵親餵，提倡母嬰同室，軟綿綿的小嬰兒幾乎二十四小時掛在我身上。我忙得天翻地覆，連吃飯都必須趕在寶寶醒來前，匆匆忙忙的吃完；新手爸爸則被晾在旁邊沒事做，也不知道該如何幫我的忙，漸漸的，帶小孩就成了我一個人的事。

希希小時候有腸絞痛的困擾，每次喝完奶，就會痛苦嚎啕大哭一小時，需要把她直立抱在身上，才會哭得稍微小聲一點。好幾個夜晚，希希半夜三點醒來喝奶後，哭得聲嘶力竭，我抱著她一直到天亮，手臂麻痺得沒知覺了，她才終於入睡。而孩子的爸呢？他早已受不了寶寶的哭聲，跑到隔壁房間去呼呼大睡了。單親的辛酸，我從當媽的第一天起就愈來愈懂。

媽媽有天生的「母性」，在爸爸身上卻似乎只看得見「人性」。為此，我和先生發生過無數次劇烈的爭執。

「孩子又不是我一個人的責任，為什麼都是我在照顧？我每天被孩子綁住，你卻可以自由自在，要去哪就去哪，這公平嗎？」我心裡裝滿了怨氣。「那我們交換，我負責在家帶孩子，你負責賺錢養家，怎麼樣？」我先生說。

他想挖坑給我跳，我才不會上當呢！雖然我一直有在接案工作，但是賺的錢只夠負擔自己的生活費，不足以支撐整個家的經濟，這題……好難解，還是識時務者為俊傑，先低頭和解，繼續當個孩子奴吧！

獨自扛起所有家庭責任

現在回想起來，真是感慨。當時我認為自己犧牲很多，覺得孩子幾乎都是我一個人在照顧，也埋怨先生很少花時間陪我，讓我像是「偽單親媽媽」，其實，這是因為我只看見自己的辛苦，沒有看見先生的付出和無奈。

「偽單親媽媽」雖然很累、很孤單，但在一般情況下，家庭經濟大多由先生負責供應。孩子出了問題，至少還可以跟孩子的爸商量，實在撐不下去、負能量大爆發時，也可以用「我要去過自己的人生，把孩子丟給另一半」這種擺爛思想來療癒自己。

「真單親媽媽」可沒有這樣的福利，從今以後，孩子的大事和小事、現在和未來，還有健康、品格、學業、交友、情緒等，就全部都是我一個人的事了，這比「偽單親」時幫孩子把屎把尿、煩惱要去哪裡遛小孩、抱孩子抱到腰痠背痛……都還要難上好幾倍。

單親媽媽的責任重大，讓我常常覺得胸口悶悶的，快要喘不過氣來。想到未來至少二十年，我有好多事要操心，真希望先生的臂膀就在我身邊，讓我不至於孤軍奮戰。

雖然我先生不是那種下班就回家做家事、帶孩子的新好男人，他的觀念傳統到彷彿活在清末民初時代，但是他對孩子的愛與關懷無庸置疑。他會到書店買童書給小孩、上網搜尋適合三歲孩子騎的腳踏車、跑遍住家附近的幼兒園尋找適合的學校……。

以前，孩子若出現行為偏差的狀況，我只需要交給先生來處理，他賞罰分明，善於和孩子溝通，讓孩子打從心底服從爸爸的管教。他不是我的「育兒神隊友」，但絕對是家裡的「體育股長」和「風紀股長」。但是現在，管教孩子的責任全落在我一個人身上了。

經營家庭，拚就對了

「把孩子養大，把孩子教好」，這幾個字說得輕巧，實際上，經濟和管教雙重責任像千斤重擔一樣，讓我不禁懷疑自己真的辦得到嗎？

「如果你做不到，上帝怎麼會給你三個孩子？上帝把三個孩子託付給你，就是因為祂相信你能做到，而且祂會幫助你做到。」我的閨密這麼鼓勵我，她是一個很優秀的企業家，她告訴我：「養小孩就像開公司，以前你有合夥人一起打拚，現在你是獨資。一間公司是獨資還是合夥，並不是很重要，經營者最重要的，是要把產品和公司本身治理好。當你著眼於公司本身，每天想著如何帶領公司成長、把公司變得更好，你根本不會在意自己有沒有合夥人，也不會去想有沒有人跟你一起扛業績、扛責任，去拚就對了！」

她還說：「你放心，公司如果不用心經營，會倒閉；但小孩你隨便養，他還是一樣會長大！生命比你想像更加堅韌，你一定可以好好把孩子養大的。」

這話說得沒錯，養小孩沒有那麼簡單，也沒有那麼難。不論是一個人養孩子，還是兩個人一起養，都不是問題，去拚就對了！小孩沒有那麼脆弱，媽媽也沒那麼容易倒下！

我們只是需要多一點，上天的眷顧。

三個孩子一起去公園玩，我們約好，
三個都不能離開媽媽的視線。

「我的家和別人不一樣……」單親孩子說不出口的痛

陽光和煦的春天早晨，天氣微涼，十分宜人，我踏進位於巷弄中的「失親兒福利基金會」，拜訪兒童心理諮商師海恩。所謂的「失親兒」，就是父母一方或雙方過世的孩子。長年以來，海恩接待、輔導過許多失親家庭，非常了解孩子和單親媽媽的心理。她既專業又溫柔，每次我和她聊天之後，都像是吃下了一顆定心丸。

與其他人不一樣的自卑心態

我和大多數單親媽媽有相同的困擾，孩子上小學後，同學、老師難免會知道家裡的狀況，萬一孩子在學校遭遇到一些不友善的嘲笑或霸凌，該怎麼辦？

「媽媽，你為什麼認為單親孩子一定會被笑呢？」海恩一句話就戳中了我的盲點。我想起從前看的電視劇，在鄉下的環境，單親的孩子因為沒有爸爸撐腰，容易成為被同儕戲弄的對象，電視上常演出，苦命的主角被一群調皮孩子圍繞著，嘲笑說：「哈哈哈，你是沒有爸爸的孩子！」

為了防範這一點，早在希希上小學前，我就先幫她打預防針，跟她進行模擬推演。我告訴她：「如果同學笑你，說你爸爸死掉了，你就回他說：『你爸爸有一天也會死掉！』」我教她如何反應同學各式的酸言冷語，希望她能夠保護自己。但是到目前為止，希希並沒有遭遇任何異樣的眼光，看來或許真的是我太多慮了。

海恩告訴我：「媽媽，在和孩子溝通這個問題之前，你要先處理自己的焦慮，可能每天利用十分鐘安靜獨處，去了解自己在害怕什麼？擔心什麼？有時候孩子的同學詢問家裡的狀況，可能是出於關心，想要了解，或是直覺反應說了一些話，並不等於歧視或嘲笑。」

但即使旁人沒有惡意，一旦提起家庭狀況，單親的孩子還是很容易感到不自在啊！我想起當年我父母離婚時，那個年代單親家庭不像現在這麼普遍，所以我不敢告訴任何人，很怕別人問起我的家庭狀況，常常覺得自己和其他人不一樣。後來我上了大學，沒了升學壓力，我漸漸疏遠從小一起長大、家庭美滿的好朋友，喜歡和一群愛玩、抽菸、打牌的朋友在一起，因為他們和我一樣，都來自破碎家庭，我覺得自己跟他們才是一掛的。

為孩子心靈打下穩固的地基

我也很擔心我們家的孩子，會不會不敢讓別人知道家裡的狀況？當別人談起爸爸時，她們該用什麼樣的心態來面對？

「單親的孩子，他們的人生中會不斷遇到這樣的議題，」海恩說：「我們沒有辦法完全掌握孩子會遇到什麼樣的人、聽到什麼樣的言語。因此，早年的依附關係非常重要，那是孩子心裡的地基。孩子跟爸爸或媽媽的依附關係夠緊密，心靈的地基穩固了，在面對外界的眼光時，就會有足夠的韌性；即使暫時被壓傷，他們也能夠自我調適和恢復。」

「那麼，如果有一天，我們家小孩從學校回來後跟我說，某位同學說了一些話，讓他覺得很受傷，我該怎麼回應他呢？」我問海恩。

海恩提供了很專業的ＳＯＰ：「如果孩子願意跟你說，願意坦露心事，其實你就可以放心了，孩子把事情說出來，你接住了他的情緒，這個過程能夠讓他逐漸恢復。你可以問：『同學說了什麼？』『你聽了這些話，感覺是什麼？是傷心、憤怒、害怕……？』幫助他疏通自己的心情。接下來，你可以繼續跟孩子討論，『你覺得可以做些什麼來保護自己？』讓孩子知道，下次遇到這樣的事，他可以選擇走開、反擊或向老師反映，他是有能力保護自己的。」

聽了海恩的一席話，我的眼睛也被擦亮了。

小孩其實沒有我們以為的那麼脆弱，若我們趁孩子還小、需要陪伴的時候，就在他們心裡打下強大堅固的地基。等孩子長大了，即使在外面遭遇狂風暴雨，心靈的堡壘也不會輕易倒塌。

我決定改變我的觀念，不再為孩子們遮風擋雨，因為我相信，在愛中成長的孩子，一定能夠禁得起風吹雨打。

我也很慶幸希希從小在教會長大，擁有一群熟識她，並陪伴我們走過喪親之路的同學和老師。有一回主日學下課時，我們遇到一位主日學老師，他負責帶領幼兒園的孩子，希希小時候也曾在他的班上。現在希希到了小學部，我們有一段時間沒遇到這位老師了。

老師看到希希，非常高興，和我們聊了幾句後，他問我：「希希現在還會再談起爸爸嗎？」他的態度很自然，就好像在聊天氣一樣，讓希希和我一點都不覺得尷尬。

我回答他：「會啊，不過希希談起的，都是爸爸以前做過的糗事。」

「哈哈，我媽媽過世後，我也是這樣耶！」老師望著希希，微笑說：「我媽媽在我八歲的時候過世了。」

單親的孩子需要明白：「雖然我的家庭狀況和多數同儕不一樣，但是在這個世界上，也有很多人和我一樣。」知道自己是少數，卻不是唯一，這多少會讓孩子的心態更坦然。只要孩子能夠建立正面的自我形象，就能無懼外界的眼光。

沒錢、沒後援，怎麼辦？

如果單親媽媽沒錢，又沒長輩可幫忙帶孩子，怎麼辦？勢必得一邊帶孩子，一邊工作囉！

比起全職媽媽，我覺得職場媽媽更辛苦，因為這個社會總期望女人全心照顧孩子，像是不用工作一樣；又要在職場上傾盡全力，像是沒有孩子一樣。

希希出生後，為了讓自己經濟能獨立，不用伸手跟先生拿錢，我選擇去一間企管顧問公司上班，寶寶白天送到托嬰中心請保母照顧。每天我需要提早半小時出門，先把寶寶送到托嬰中心，下班後再匆匆忙忙趕去接孩子。為了準時下班，有時我還得把沒有完成的工作帶回家熬夜做。

那時寶寶還沒睡過夜，半夜我需要中斷睡眠起來餵奶，白天上班時也需要利用空檔去把母奶擠出來，冰在公司的冰箱，下班再帶回去給寶寶喝。儘管公司老闆非常體諒我身為媽媽的角色，同事們也都很熱心協助我，但辦公室的工作節奏畢竟十分緊湊，經常會議一個接一個開，偶爾也得出去提案或拜訪客戶，有時忙到一邊吃午餐，一邊敲著電腦鍵盤打企畫案，哪有那麼多時間讓我悠閒的擠奶呢？

平時蠟燭兩頭燒就算了，遇到突發狀況，職場媽媽還得即時應變。

托嬰中心孩子多，免不了有群聚感染的狀況。希希三個多月大時，有一次，我和公司同事要一起搭飛機到離島開記者會，大家約好早上九點在機場集合。那天早上，希希看起來有點不舒服，但我急著出門，就沒有太在意，到機場前，我順路把希希送到托嬰中心，沒想到保母一量體溫，希希竟然發燒了！根據托嬰中心規定，孩子發燒就必須請假，由父母帶回家自行照顧，免得感染其他小朋友。

這下好了！飛機再過一小時就要起飛，我的孩子不能進托嬰中心，該怎麼辦？幸好當時我還不是單親，立刻回家請先生幫忙，才度過了那次危機。

調整工作模式，在職場與家庭間取平衡

職場媽媽很難兼顧工作和孩子，這讓我興起了在家工作的念頭。我和所任職公司的老闆商量，從正職人員轉成外包商，把工作帶回家做，論件計酬，開啟了我承接商業文案的領域。雖然接案工作的收入不如在公司上班，但是卻讓我省下了保母費，也獲得更多時間運用的彈性。

有人會想：「全職帶孩子，又要做家事，哪有時間工作？」我的經驗是，希希六個月後，作息漸漸穩定，半夜十二點喝完奶後，可以一路睡到清晨四、五點，再餵她一餐奶，就可以睡到早上九點。

而我四、五點餵完奶，就起來工作，清晨的四個小時非常好用，足夠讓我專心

完成一天的工作量。等希希起床後，我就放下工作盡情陪她玩。嬰兒時期的希希很黏人，一刻都不能離開媽媽，於是我用背帶把她背在身上，帶著她一起晾衣服、掃地、拖地、煮副食品……趁她醒著的時候做完家事，這樣在希希睡午覺時，我也能陪她一起睡，利用時間來補眠。

要那麼早從被窩裡爬起來工作，難道不累嗎？事實上，我每天都迫不及待想趕快起來打開電腦、敲鍵盤打字，因為這是我一天當中唯一可以靜靜思考、脫離「媽媽」這身分的時光。從事我喜愛的工作，讓我能夠回歸自己，也能夠繼續和社會接軌，不受困在只有媽媽和寶寶的小小世界裡。

我從來不會想：「我要帶孩子又要工作，好辛苦！」而是覺得：「我可以一邊陪伴孩子，一邊繼續工作賺錢，真是太幸福了！」

台灣低薪的職場現況，讓許多女性不能只待在家裡，需要出去工作貼補家用，雙薪家庭是不可避免的趨勢，但是網路的發達，也讓工作模式有了新的可能。

我身邊許多全職媽媽經營網拍生意，收入比上班族還豐厚；也有媽媽做副食品做出興趣和心得，她發現有不少職場媽媽都需要有人幫忙做副食品，因此大量生產，靠著網路口碑相傳，開創了自己的事業；有的媽媽喜歡烘焙，就做蛋糕來賣；也有媽媽擅長做辣椒醬等各式醬料，也能靠著自己的長項在家工作；我還有一個在金融業上班的朋友嫁到新加坡，她任職的台灣公司願意讓她在新加坡遠距工作，反正有網路視訊，工作不一定要局限於辦公室內。

媽媽們只要帶著敬業的態度和專業技能，到哪裡都可以工作，唯一要犧牲的，就是自己的休閒和娛樂。自從希希出生後，我戒掉了看電視的習慣，也常跟朋友開玩笑說：「我們家小孩長到了幾歲，我就有幾年沒有看電視了。」我沒有時間追劇，沒有時間滑手機、打手遊，但是我賺到了陪伴孩子成長的無價回憶，也仍然保有工作的成就感。這些犧牲對我來說，非常值得！

我這樣邊帶孩子邊在家工作，雖然生活節奏很忙碌，倒也還應付得過來。

放下面子，承認自己需要幫助

希希四歲時，我們家多了第二個孩子。老二十個月大時，我先生確診罹癌，經常住院，我宛如一名「實習單親媽媽」，獨自照料著兩個孩子，也負擔起家庭經濟。這時，我又意外懷了老三，這比先生得癌症還要令我驚慌！

我知道自己一個人的力量有限，必須要有強大的後援才行。我媽媽已經七十多歲了，不能幫我長時間帶孩子，但必要時可以幫我照顧孩子幾個小時；我也向單身的好姊妹、教會的主日學老師、希希幼兒園同學的家長求援，請她們假日有空幫我照顧孩子，讓我可以跑醫院去探望先生。

先生過世時，我正在家裡坐月子，幸好有這麼一大群後援團，每天輪班來協助我照顧新生兒，我才得以把三個孩子和自己都安頓好。

單親媽媽要找後援，很難嗎？其實這個社會熱心的人非常多，只要開口求助，相信很多人都願意伸出援手，最難的是放下自己的面子，承認自己需要幫助，單親媽媽只要臉皮厚一點、「恥度」大一點，就可以過關了！

然而，不是每個人都有同理心，我把自己的困難在人前敞開，有時也不免會聽見一些冷言冷語。

曾經有位不太熟的長輩知道我的狀況，覺得我不應該跟娘家求助，竟丟下一句話：「誰叫你自己要生這麼多！」他說的其實也沒錯。我感謝這些看不過去的人，因為他們讓我謹記，別人願意幫助我，並不是理所當然的，我要時時心存感恩，加倍珍惜別人的好意；也讓我不要「習慣被幫助」，變相拿著「單親」當令箭，覺得別人都應該要給我方便。

老三滿月後，起先我把她送到托嬰中心請保母照顧，後來考量到家裡有三個幼兒，不能只有我一個大人在，不然其中一個孩子若半夜發燒，我連帶孩子出門看醫生都很困難。因此我決定請外籍幫傭，有人幫忙照顧孩子，使我得以稍微喘口氣。等老三到了一歲半，生活作息可以和兩個姊姊同步了，我就停掉外傭，減輕家庭經濟壓力，開始全職三寶媽、搶錢SOHO族的瘋狂斜槓人生！

雙親家庭的媽媽經常猶豫：「產後要回職場，還是要在家帶小孩？」單親媽媽則沒有選擇的空間。沒錢，就想辦法賺錢；沒後援，就厚著臉皮四處請人幫忙。東奔西跑、身兼多職的生活雖然辛苦，但就像挑戰極限運動一樣，可以享受到不斷超越自我的快樂和感動。

我不是「為母則強」，而是在當了三個孩子的媽媽之後，才知道自己多麼有限。為母本弱，外加睡不飽、神經衰弱，所以我必須全力以赴，專注做好每一件小事，真心感謝每一個幫助過我的人。

單親媽媽的育兒路，看似孤單且漫長。但我不在乎自己走了多遠，只要還在往前行，每天前進一步，就比停留在原地更好。

單親媽媽省錢大作戰

十坪左右的房子，隔成一房一廳，全家人睡在一個房間裡；另外還有一間只夠容納一個人站立的小廚房，以及同樣狹窄的浴室。

小小的客廳，只夠擺一張兩人座小沙發，沒有茶几。牆邊放著一張摺疊桌，吃飯時把桌子拉開，吃完了就把桌子摺起來，以免占據客廳僅存的空間。

屋子沒有陽台，晾衣服時只能將衣服掛在長長的竹竿上，再把竹竿伸到窗戶外用架子固定，然後祈禱在衣服晾乾以前天公作美，千萬不要下雨……這是我兒時記憶中「家」的第一個樣貌。

我爸爸是香港人，媽媽是台灣人，小時候，我和爸爸、媽媽、姊姊一家四口住在香港。香港的「蝸居」世界聞名，房子雖小，卻能滿足所有生活機能。雖然住得擁擠、簡陋，我卻覺得十分幸福，因為家裡每天都飄著飯香，媽媽一直陪伴在我們身邊。

長大後我才知道，香港的房租昂貴得驚人，當時爸爸經營的工廠沒有賺什麼錢，在香港那幾年的房租，都是放下台灣的工作、嫁雞隨雞搬到香港當家庭主婦的媽媽，用她的積蓄來支付。後來為了經濟考量，媽媽決定帶著兩個孩子回台灣工作，爸爸為了某些原因留在香港，我們一家從此分隔兩地。

回到台灣後，媽媽獨力扶養我們，過著類單親的生活。直到孩子長大，她選擇結束婚姻，當個名副其實的單親媽媽。

比起當年，現在我們家的經濟條件寬裕得多。我和先生都在婚前就有一些經濟基礎，也為家庭規劃了充足的緊急預備金，讓我不用擔憂短期的生活，甚至能夠拿出一筆錢，做為外籍幫傭一年的薪資。

單親家庭的經濟，其實沒有想像中那麼艱難，雖然少了一個人賺錢，但是也少了一個人花錢，只要我有工作，家裡有現金流，日子一定過得下去。

然而，「單薪」等於「擔心」，光憑我一份薪水要養三個孩子，孩子現在還小，花費不多，但未來呢？錢會不會不夠用？幸好，在香港的童年記憶是我的定心丸，讓我知道孩子的想法很單純：「媽媽在哪裡，家就在那裡。」只要有一個遮風擋雨的地方，不管多小，一家人在一起，就是幸福的天堂。

若是哪天我們錢不夠用，就搬到小一點的房子；再不行，就搬到居住成本低一點的地方。在香港，很多家庭的收入租不起一間套房，常常見到三個家庭分租一間三房一廳的房子，全家人擠在一個房間裡，共用公共空間，把家庭最大一筆開銷——居住成本——降到最低。

沒有什麼是「非要不可」的，欲望少一點、生活簡單一點，單薪其實也很夠用。

養成記帳習慣，掌握家庭預算

單親第一年因為還有存款，有外傭幫忙，我比較有充裕的時間工作，所以經濟壓力不是太大。但是到了第二年，存款已花得差不多了，我開始感到入不敷出，所以再三評估後，決定停掉外傭，白天自己帶孩子，晚上等孩子睡覺後再來工作，並縮減每個月的開銷。

除了孩子的教育費不能省，其他的都能省。我用「量入為出」的觀念，把我每月的收入扣掉孩子的教育費，剩下來的錢就是我們的生活開銷。這樣算下來，發現我們幾乎沒多少錢可花！但從另外一個角度想，生活中「非花錢不可」的地方，其實也沒有我們以為的那麼多。

我訓練自己養成記帳的習慣，把每一筆支出都鉅細靡遺的記錄下來，因為這樣才能對「花錢」這件事更「有感」，做為「單薪媽媽」，我一定要很清楚每一分錢的去處。

「食」的方面，我們家一直都是在家開伙，一方面是因為家裡煮的比較健康；另一方面是因為我認為，全家人圍繞餐桌吃媽媽煮的飯，可以為孩子創造美好的童年回憶。

以前先生在家的時候，我每餐都會準備一道肉、一道海鮮、兩道蔬菜，偶爾再加一鍋湯，現在為了省錢、省時間，我用電鍋煮個日式雞肉野菜炊飯、奶油蘑菇義大利麵，或是孩子愛吃的炒飯、餛飩麵，簡單煮就是一餐，孩子吃得開心，我也可以把全家人一天的伙食費控制在三百元內。

「衣」的方面，其實衣服是最花錢，也最容易節省下來的花費。我們家孩子的衣服，幾乎都是接手別人家「恩典牌」二手衣；我自己的衣服也已經夠多了，於是秉持「穿壞一件才能買一件」的原則，久久才添購一件新衣。

「行」的方面，我把先生的車子賣掉，省下停車費、稅金、車子保養的花費，出門就搭乘大眾運輸工具。雖然推著嬰兒車，帶著三個孩子搭公車、捷運，實在有點辛苦，十分考驗體力和精神，但多練習幾次，也就習慣了。

我帶孩子出門時，常有一些意外的小樂趣：看孩子們進出捷運時，搶著用悠遊卡「嗶嗶」，或是搭公車時興奮的按「下車鈴」；老大希希搭乘捷運電梯時，還會主動幫忙按住電梯門開關，讓其他乘客先走出電梯，她自己最後一個出來，讓我對她的體貼感到十分欣慰。

至於家電、手機等必要的大筆支出，雖然有購買需求，但是不急著買，我就把它列為專案處理，設立一個夢想基金帳戶，等到存夠了錢再來圓夢。

每一筆花費都要深思熟慮

雖然我認為自己已經盡量省、省、省，但是剛記帳的前兩個月，每個月的支出還是超過預期。我分析自己花錢的習慣，發現常會買一些「計畫外」的東西給孩子；正因為是買給孩子，不是買給自己的，所以花錢花得理直氣壯、毫不手軟。我也常會因為商品賣得特別便宜，覺得這麼划算怎麼可以不買？於是買了一些價格不高、不是非買不可的東西。尤其是網路購物，常常會被廣告商品吸引，一不小心就超支了！

發現自己有這個購物習慣後，我便對特價商品開啟雷達。每當我想買給孩子東西，或是被商品的價格吸引時，腦海內的警鐘就會自動響起，提醒我：「不要再入坑啊！」

到了第三個月，我總算成功達標，把食、衣、水電、交通、娛樂等家庭生活開銷，控制在兩萬元以內。

單親媽媽做每一件事都需要預先規劃，花每分錢都需要經過深思熟慮。曾有人建議我：「你只要努力賺更多錢，就可以不用過得這麼省，也可以買更多東西，給孩子更好的生活啊！」但我認為在孩子學齡前，「陪伴」是父母能給孩子最無價的禮物，而且學齡前孩子對生活品質要求不多。現在我們有多少錢，就過什麼樣的生活，等孩子大一點，不需要我花那麼多時間陪伴了，再來好好拚經濟吧！

雖然我們過得很省，但一點也不拮据。反觀我身邊有許多雙薪家庭，賺得多花得也多，習慣買這個、買那個，經常感嘆錢不夠用。而我們養成節制的習慣，抱持「能不買就不買」、「沒有這樣東西也沒差」的心態，不亂花錢，這樣錢就夠用了。

單親家庭的崩潰日常

如果說媽媽的生活每天都像是在打仗，那麼單親加上三個孩子，我應該算是媽媽界的「海軍陸戰隊」！

家裡有三個幼齡孩子，不用軍事化管理真的不行。平日早上，我六點半起床，用最快的速度準備好早餐，然後叫醒要上學的老大、老二。利用她們吃早餐的時間，我趕緊換衣服，把自己打點好。

老大、老二吃完早餐後，我用大嗓門遙控她們刷牙、洗臉、換衣服，並同步餵老三喝奶。之後我把老三放到娃娃車上，檢查老大、老二牙齒有沒有刷乾淨、書包都準備好了沒、水壺有沒有記得帶……我們家幾乎做每件事情都有SOP。

雨天、病毒，令人頭痛的大魔王

上學日的早晨和傍晚，我會帶著老三接送姊姊們上下學。我們因應不同的路況設計了各樣「隊形」，有過馬路的「三明治」隊形（我和老大把妹妹們夾在中間）、過窄路的「小火車」隊形（排成一直列），以及走在人行道上的「分組」隊形（媽媽推嬰兒車，兩個姊姊手牽手走在媽媽後面）。十幾分鐘的路程，我們需要不斷變換隊形，媽媽要隨時留意路況、喊口令，真的很像是在行軍！

晴天的時候還算輕鬆，遇到下雨天，我無法一邊撐傘一邊推娃娃車，還要空出一隻手來牽三歲的老二，只能啟動「雨衣模式」，老大自己撐傘，老二和我穿雨衣。在滂沱大雨中穿雨衣推著嬰兒車，逆風而行，旁邊還有個小孩抓著媽媽的衣袖，這幅景象只有兩個字可以形容：狼狽！我在當媽媽之前，根本沒辦法想像自己現在這模樣。

以前穿著短裙、高跟鞋的那個我呢？以前下雨天能不出門就不出門的那個我呢？「當兵去了！」我只能這樣自我解嘲，把現在視為一段非常時期。

原以為雨天帶孩子出門已經是「大魔王」，沒想到一山還有一山高，「終極地雷」還在後頭呢！

某個星期四中午，希希放學回家後，臉色怪怪的，還沒進家門，就在電梯口吐了一灘，我扶她到床上休息，沒想到她喝了一口水，又嘔吐在床上。

還好那時老二還在學校，只有希希和老三在家。我想帶希希去巷口的家醫科診所，但是她不舒服，走不動，怎麼去？希希自己想到：「我可以坐妹妹的娃娃車去。」

我只好用背帶背著近十公斤的老三，用推車推二十幾公斤的希希，把她們兩個弄出門去看醫生。短短一段路對我來說，像極了海軍陸戰隊的魔鬼訓練「天堂路」，之後我的腰痛了一個多禮拜。

醫生問診後，判斷希希應該是感染了諾羅病毒，只要不進食，加上吃藥休息，很快就會好。回家後，我清洗被希希吐髒的床單、棉被。由於家裡的陽台空間不大，晾不下，我請一位剛好休假的朋友來家裡陪伴希希，趁著接老二放學的途中，把清乾淨的被單順路拿到自助洗衣店烘乾。折騰了半天，到了晚上九點，友人離開後，孩子們準備上床睡覺時，老二竟然也吐了……。

單親媽媽每天要面對類似這樣一百種崩潰，而且是獨自面對。日子久了，我也練就了一種無動於衷的淡定，管它是大魔王還是心裡的小劇場，兵來將擋，水來土淹，哭只是浪費時間，一點用也沒有，想辦法去解決問題就對了！

「時間」是你最大的盟友

記得從小學到高中，只要運動會遇上下雨，台上的師長就會鼓勵大家：「風雨生信心。」過去我一直不明白這幾個字是什麼意思，心想下雨不過就淋一點雨，跟信心有什麼關係？風雨為什麼會生出信心？

現在我才明白，在風雨來臨前，我們的信心不過是精神喊話，催眠自己：「你一定可以！」「要相信自己！」

唯有我們真的身處在狂風暴雨中，習慣了冷冽的風、無情的雨，親身經歷過最惡劣的天候環境，才能打從靈魂深處生出一股堅毅的力量。

原來，風雨所生出來的信心，不是相信自己無所不能、無堅不摧，而是深知風再強、雨再大，終有一天會過去，而我，仍舊會繼續往前進。

不管多麼辛苦，孩子終究會長大，當兵退伍的日子也在倒數中，媽媽最大的盟友，叫做「時間」。

我這麼慘，你們這麼爽

我們家很幸運，單親的原因是「喪偶」，雖然少了爸爸，孩子和我都知道，我們是被爸爸愛著的。但是許多單親家庭就沒有我們這麼幸運了。

有的人是未婚生子，男方不願負責，她只好咬牙當了單親媽媽，後來聽說男方另外成立家庭，才知道這男人不是不想結婚，只是不想跟她結婚。

也有人是因為先生外遇而離婚。離婚後，前夫和小三過著不愁吃穿的生活，她則縮衣節食，一個人辛苦拉拔孩子長大。她一直等著看那對狗男女的下場會有多慘，沒想到前夫離婚後反而升官發財，小三上位變正宮，生了孩子後依然妖嬌美麗。

離婚，不等於海闊天空

我的好友C就是這樣的單親媽媽，她的先生婚後緋聞不斷，吵架後甚至惱羞成怒，對她拳腳相向。她忍無可忍，在女兒上小學那年，為了使先生願意把女兒的監護權讓給自己，她沒有要求一毛錢，一心只想趕快結束這段不堪的婚姻。

原以為離婚就可以海闊天空，沒想到恢復單身後，她反而覺得無路可走。「剛離婚的那一個月，我好開心，覺得自己終於解套了。但是一個月後，我開始感到失落、鬱悶，甚至有一股恨意在我心裡。我覺得這一切真是太不公平了！為什麼那個男人毀了我的人生，我卻要負責把他的孩子養大？為什麼他可以繼續逍遙過日子，我卻永遠都擺脫不了『單親媽媽』的身分！」

更糟糕的是，C把對前夫的敵意投射到女兒身上，有時女兒不聽話或頂嘴，讓她聯想到孩子的爸，就會控制不了自己的情緒，前夫過去怎麼對她動粗，她就用同樣的手法加倍報復在女兒身上。

C聲淚俱下的說：「我努力爭取女兒的監護權，把女兒帶在身邊，是為了想當一個好媽媽，給她幸福、快樂的童年，沒想到我卻反過來傷害她……。」

每次「修理」完女兒後，C都感到後悔又愧疚，她發誓自己再也不動手打小孩了。但是，下一波情緒浪潮來襲時，C仍舊控制不了自己……。

單親媽媽要一個人照料孩子，已經很不容易，更難的是同時要處理破裂的關係和破碎的心。

以前婚姻關係存在時，你以為只要離了婚，就能擺脫這份痛苦。等到婚姻真的結束了，你才發現，這份被背叛、被遺棄、被羞辱的痛苦依然存在，以前你還可以用「離婚」來反擊，但是現在，都已經離婚了，還能怎麼樣？你無能為力，什麼也不能做，只能任由這份痛苦囂張的、無聲的啃蝕著自己的靈魂。

「你，原諒你的前夫了嗎？」我問C。

「原諒？他怎麼對我，你又不是不知道，我怎麼可能原諒他？我就是不能夠原諒他，所以才跟他離婚的啊！」C咬牙切齒的說。

放下過去，開始新的人生階段

離婚，並不能夠讓傷害停止；原諒，才能使這一切真正劃下句點。

許多人把「原諒」和「離婚」視為對立的兩種選擇，原諒表示復合，因為無法原諒，所以選擇離婚。事實上，「原諒」和「繼續忍受」是兩碼子事，別人打你一巴掌，你原諒他，不追究，不表示要留在原地繼續挨打；你可以原諒他，然後離他遠遠的，這樣你才不會繼續生氣，也才不會再次受傷。同樣的道理，就算離婚了，我們也仍舊要練習原諒，因為只有原諒能夠幫助我們放下，只有原諒才能讓過去真正的過去。

原諒需要時間，每當痛苦的記憶反芻時，我們的情緒無可避免會被翻攪，但是在哭過、恨過以後，我們可以選擇繼續當個無辜的受害者，肯定的宣告：「他就是這麼可惡！我就是這麼可憐！」我們也可以選擇不去計較，讓傷害到此為止，對著自己的心如此說：「他的確很可惡，但是我決定要放下這一切，我願意原諒他……。」

一次又一次練習原諒對方，也原諒自己。先與自己和解，才能與過去和解。

單親媽媽常常因為忙著維持家計、照顧孩子，無暇顧及自己內心的傷痛，習慣把負面情緒壓抑在心裡，我也不例外。

在孩子面前，我努力保持堅強、樂觀、平靜，不想讓失去爸爸的孩子再承接媽媽低落的情緒。但是到了深夜，孩子都上床後，我會給自己一段安靜的「me time」，讓自己的靈魂得以自由呼吸。我的信仰撐著我，讓我不致陷入負面情緒的深淵中。我的感受如同亞洲家喻戶曉的歌手蔡琴在前夫楊德昌過世那天，曾寫下的字句：

我抬起不停湧上淚水的眼睛，堅定的告訴上帝：我可以站起來！
我深深感謝上帝，讓我與他轟轟烈烈的愛過……。
我安靜的、肯定的用手拭摸著夾在聖經中的小十字架；
閉上眼，再感受一次這曾經的愛情，
一次比一次平靜、勇敢……。

過去的已經過去，我已經邁入下一個人生階段。我想念那個曾經被愛著的自己，但是從這一刻開始，我要練習喜歡這個被生命淬鍊得更加成熟的自己。

別讓孩子成為「配偶代理人」

「配偶代理人」這一詞，是我從一個好姊妹口中聽來的。當時她和男友已經論及婚嫁，後來卻閃電分手。我聽她解釋分手的原因。

「我前男友說我們結婚後，一定要跟他媽媽住在一起，因為他們家是單親家庭，他媽媽一個人把他撫養長大，他不能有了老婆就丟下媽媽不管。和婆婆一起住，這我還可以接受，但是到了訂婚紗時，前男友說他媽媽也要順便拍，因為他媽當年是未婚生子，沒有穿過婚紗，拍婚紗照是她長久以來的願望。後來，我們在計劃蜜月旅行時，他居然也要帶他媽媽去，說這樣才能證明他不是有了老婆就忘了娘……我實在忍無可忍了，覺得他不應該娶我，應該娶他媽媽，因為他從小到大，根本就是他媽媽的『配偶代理人』！」

被迫長大的親職化小孩

這樣的狀況其實不在少數，我見過許多有兒子的單親媽媽，都會把兒子視為下半輩子的倚靠、情感的寄託。若是家中沒有爺爺、舅舅等其他男性長輩，身為家中唯一的男性，小男孩勢必被迫長大，要保護媽媽、要賺錢分擔家計、要像個大人一樣，扛起許多原本該屬於爸爸的責任。

這在學術上稱為「代位父母」，也就是所謂的「親職化小孩」，特別常見於只有單一性別的家庭。當家裡少了爸爸或媽媽的角色，孩子會自動補位，扮演缺少的那一角，而這樣的變化，通常來自於大人潛移默化的期待。

以我們家為例，希希是老大，也是三個孩子當中唯一出席爸爸喪禮的孩子，在喪禮上，好多親戚一見到希希，就告訴她：「你以後要多幫忙媽媽。」

希希也很自動自發的想要補爸爸的位置，不僅嚴格的管教妹妹，也會主動幫我做家事，甚至還想出一些賺錢的主意。她那時還在讀幼兒園大班，卻被迫長大，時常觀察媽媽在做些什麼、她可以替媽媽分擔哪些。

我不希望她變成超齡的「小大人」，所以決定申請外籍幫傭，在外傭上工的等待期，我特地邀請許多朋友，每晚輪流來我們家作客，陪我一起照顧三個孩子。我告訴希希：「你看，媽媽有這麼多人幫忙，所以你不需要『幫媽媽』照顧妹妹們，你只需要當一個好姊姊就可以了。照顧妹妹是媽媽的責任；而你的責任，是愛妹妹。」

有兩個孩子以上的單親家庭，通常年齡最大的孩子，也很容易管過界，出現權力過大的狀況。

我自己小時候就深受其害，家裡沒大人時，兄弟姊妹之間「大的管小的」似乎是很合理的事，老大通常是出於責任和對手足的關愛，是為弟弟妹妹好，但是被管束的弟弟妹妹心裡卻會很不服氣，覺得：「我們是平等的，你又不是爸爸媽媽，憑什麼管我？」「為什麼你可以管我，我不能管你？」一肚子委屈卻無處發洩。

為了預防這樣的狀況發生，我和希希約定好，如果妹妹做了什麼不恰當的事，她只需要跟媽媽說，由媽媽來處理，不能私下打罵妹妹。她什麼忙都可以幫，就是不能「幫媽媽處罰妹妹」。

避免讓孩子提早進入大人的世界

我和不少單親媽媽一樣，因為沒有另一半，所以和孩子的感情聯結特別緊密。我和三個孩子不僅是相依為命的生命共同體，更有一份攜手走過大風大浪的革命情感。由於家裡沒有其他大人，有什麼重大決定，我只能讓孩子一起來參與，若我碰上什麼麻煩，孩子也常是我訴說心事的對象。

但是我秉持兩個原則：一、只說孩子的年齡能夠理解的部分；二、說話前先檢視自己的動機，孩子需要知道這些事嗎？抑或是我自己想要抒發情緒？

通常，只有和孩子切身相關的事，我才會讓她們參與討論，像是要不要請外籍幫傭？孩子放學後要不要上安親班？其他的事，像是我工作上的煩惱、家族間的恩怨情仇……我一律對孩子封口。畢竟她們年紀還小，看事情的角度還不夠成熟，我不希望孩子提早進入大人的世界。

我身邊有些單親媽媽，因為身負打官司、爭監護權的種種壓力，難免會在孩子面前吐苦水，述說前夫和前婆家的不是。她們心裡堆積了許多負面情緒，實在不吐不快，也希望藉此讓孩子和自己站在同一陣線。

其實，是非對錯，有時孩子看得比大人還清楚。把大人之間的醜陋真相攤開在孩子面前，只會讓孩子更受傷。媽媽期待被孩子理解，但是孩子更需要媽媽的愛，要是能夠感受到「媽媽真的很愛我」，孩子怎麼可能不和媽媽心連心？

單親的孩子已經比一般孩子見識過更多風風雨雨了，讓他們保有純真的視角、無憂的童年，是我們能夠為他們守住的最後防線。

至於那些堆積在心裡的苦、吞下去的淚，就去和姊妹淘、心理諮商師、上帝或菩薩說吧！別覺得自己很孤單、很寂寞，有心事只能跟外人說。換個角度想，許多夫妻結婚五年後，彼此之間就沒話可說了，那些有丈夫的太太們，遇上煩惱一樣只能去和姊妹淘、心理諮商師、上帝或菩薩說……。

事實上，少了配偶，並沒有讓我們更加寂寞。差別在於，在婚姻裡，我們甘願獨自消化這份孤寂感；而走出婚姻後，這份寂寞顯得過於喧囂，促使我們不得不與它，正面交鋒。

我是婚姻「事故」的幸運生還者

許多失婚者都認為自己是受傷害的那一方，期待能夠被認同、被呵護，他們把無緣的前任形容得十惡不赦，覺得自己好倒楣、好委屈。在失婚的頭一年，這類傷心小夜曲一唱再唱，聽眾還愛聽，但若一年後還重複播放著相同的旋律，甚至語句、頓點、口氣都一樣，就難免會讓人感覺厭膩了。

婚姻失敗是兩個人的問題

老三還很小的時候，我曾聘請外籍幫傭。原以為有外傭在，孩子有人顧，飯有人煮，家事有人做，我就可以專心工作。沒想到外傭來了幾個月，工作品質卻讓我跌破眼鏡。她煮飯常讓大同電鍋冒出燒焦的臭味（我也不知道她到底是怎麼辦到的）；洗衣服時襪子經常不見一隻；我幾件比較好一點的衣服，都被她洗壞了，實在讓我又氣又懊惱。一方面對她造成的損失感到不捨，另外一方面覺得自己付了薪水卻換來這種服務，真是花錢找罪受。我試著和外傭溝通，但她總有一堆理由，或是口頭上道歉了，卻沒做出實質的改變，更讓我覺得說了也是白說，跟她溝通簡直是浪費我的時間！

已經發生的事，生氣也於事無補，既然改變不了對方，那就改變自己吧！後來只要外傭搞烏龍，我就催眠自己：「就當成是我自己犯錯，是我把菜煮焦，是我把衣服洗壞……。」這樣想，就沒有那麼過不去了。

我發現，人要原諒別人很難，原諒自己卻容易得多。

同樣的，在失敗的婚姻中，若我們一直看見的是「他怎麼傷害我」、「他有多過分」，就會沉溺在受害者情結中，使「原諒」成了比登天還難的事。當一個人認為自己是無辜的受害者，千錯萬錯永遠都是別人的錯，相信我，他是不可能快樂的。

更糟糕的是，我們很可能把自己視為受害者卻不自知，也不願意承認。

從小到大，我經常聽母親叨唸著父親如何令她失望，她的開場白總是：「我跟你爸爸雖然分開了，但是我從來不說他的壞話，也不會批評他……。」這真是奇怪啊！如果不是從我母親口中說出來，我又是從哪裡知道父親的黑歷史呢？

等我長大後，有一次又聽她重複說起那已經說了八百遍的舊事，我忍不住問她：「婚姻失敗是兩個人的問題，你覺得爸爸做得不夠好，那麼，難道你自己一點錯也沒有嗎？」

「我有錯？錯在哪裡？我就是錯在太包容、太忍耐了！」我母親回憶過去時，總是帶著一絲感傷和幽怨，或許，這正是她為自己營造出來的安全網吧！為人子女，我也不忍心把她編織出來的網子弄破。

揮別過往陰影，才能邁向未來幸福

我的一個閨密，是專門替人打離婚官司的家事律師，見識過無數的離婚案件。我問她：「難道離婚一定是兩方面的錯嗎？我看過很多婚姻，太太真的是一個好女人，先生卻是個不折不扣的渣男，因為先生外遇、欠債、家暴，所以導致離婚，這樣的話，太太何錯之有呢？」她回答我：「就算這樣，太太還是有錯，她就是錯在自己選擇嫁給這樣的男人！」

專業律師的一句話，直接突破了大多數人的盲點！沒錯，無論對方再怎麼可惡、不是人，別忘了，這都是我們自己跳進去的坑，也是我們看錯人所要付出的代價。

當問題根源回到自己身上時，情緒就變得容易平復了。縱使前任有千錯萬錯，但是，始作俑者是我們自己。每當抱怨、數落前任時，只要想到：「這人還不是當初自己選的？」我們就比較能「算了」，把內心的怨氣一吐而空，畢竟寬以

「待己」比「待人」更容易。

最怕的是，我們緊緊抓著受害者情結不肯放手，沒完沒了的追憶前塵往事，對朋友說，對親戚說，不斷在臉書、論壇發文宣洩情緒，同時還一遍又一遍的對孩子說……。

小孩的情緒很容易被媽媽牽著走，或許小時候他還會靜靜的被媽媽洗腦，但是等到長大後，他未必會跟你站在同一邊。不是因為你說錯了什麼，而是因為他愛你，不願意讓你繼續當個受害者，他想救你出來。但是你自己卻不想出來，只是一遍又一遍播放著生命中的傷心小夜曲，如同魔咒般迴盪在他耳邊。於是，他只好在內心刻意和你保持距離，為自己編織一張安全網，以免繼續被你的負面情緒波及……。

既然離開了不幸的婚姻，為何不轉身揮別陰影，朝著更幸福的地方走去呢？別把自己當成婚姻的悲情受害者，你其實是婚姻事故中的幸運生還者！

鍛鍊逆襲職場的競爭力

「白天要工作，晚上要顧小孩，好累！」「常為孩子的事請假，都快被老闆炒魷魚了！」「時間永遠不夠用！」無論雙親或單親家庭，這是許多職場媽媽共同的心聲。

職場上的境遇如何，對單親媽媽的衝擊特別大。一來單親媽媽的經濟壓力普遍較為沉重；二來單親媽媽已經情場失意，若職場又不得意，可說是雙重打擊。

提升工作效率，才有更多時間陪孩子

單親媽媽要如何兼顧家庭和工作呢？我們最沒有的就是時間，所以首要之務，就是「提升工作效率」。

生了三個孩子以後，我在工作方面培養了「不拖延」的習慣，客戶交辦的事情，我一定第一時間立刻做好。我會把每個待辦事項記在手機記事本裡，規劃「工作路線」，用最快的速度逐一完成，絕不囤積。

有時客戶跟我說：「不急，你慢慢做就好。」我就會回答：「不行，我一定要趁現在還有空的時候，就把你的案子處理好，不然萬一我家哪個孩子生病了，我就必須暫時擱下工作來照顧孩子，若是耽誤到進度怎麼辦？」

因為我不拖延，一定在約定的時間內提早把工作完成，所以客戶能夠放心的把案子交給我，我也能花較少的時間工作，把更多的時間用來陪伴孩子。

除了效率，還要顧及品質。如果想要把事情做得又快又好，專業能力就必須不斷加強、提升。我本身主要的工作內容是撰寫廣告企劃案，需要大量閱讀、吸收新知。

單親反而是我的優勢，因為我不需要花時間和另一半相處、維繫感情。我可以利用陪玩的空檔、孩子睡覺時來閱讀充電，讓自己能夠在專業上精進，努力跟上趨勢潮流，保有職場競爭力。

從前先生還在世的時候，家裡有兩份收入，我也和大多數職場媽媽一樣，在工作和家庭之間拉扯，經常埋怨著：「男女不平等！為什麼犧牲的總是我，不是孩子的爸？」

正式成為單親媽媽後，我反而脫離了這種比較心態。

過去，我有先生可以依靠，工作的績效好不好，對我不會有太大的影響，所以我只求趕快把工作完成，只希望客戶滿意、不要囉嗦；不求大展鴻圖，對工作也沒有什麼衝勁和抱負。

如今，我是家裡唯一的經濟支柱，在工作上可不能滿足於現狀、得過且過，進而促使我去思考：有什麼是我可以去嘗試的？我要如何 work smart（聰明的工作），而不只是 work hard（勤奮的工作）？我要怎麼擴大自己的格局，運用文字專業，提供客戶更好的服務？

幾乎每個職場媽媽都在家庭和工作之間掙扎著，很多女人的事業心，就在一次次工作和親情的取捨之間，逐漸被消磨掉了。但是，單親媽媽沒得選擇，為了養家，只能在工作上火力全開，這反而激發了她們的鬥志和創造力，能夠同時做好許多件事，還能精準掌控預算，果斷解決問題，不得不說，「單親」讓媽媽更進化了！

把「教養孩子」納入工作目標

然而，不是每個單親媽媽都能在強大的壓力下，進化成為職場女強人。有一些媽媽因為很早就走入家庭、離開職場，沒有累積足夠的社會經歷，導致重回職場時很難有較好的發展。

我有位同為單親媽媽的朋友，為了兼顧孩子，只能將就於不用加班、沒什麼挑戰、薪水也不高的工作。長期下來，她的工作成就感很低，覺得自己在職場上沒什麼出息，也不能給孩子一個完整的家庭，成天這樣勞碌奔波，日子過得很憋屈，心情也很煩悶。

「不要小看你自己，你正在做全世界最偉大的工作呢！」我為她加油打氣。

我認為，職場媽媽在計算人生的KPI時，不能只是狹隘的著眼於職場上的成績。除了為自己在職場上的表現打分數，我們應該要把教養孩子的損益一併算進去，因為那也是我們的工作之一。

我是這麼衡量自己的：「我是個專業經理人，手上負責三個專案，每個專案價值大約一千萬（因為媒體報導養一個孩子的花費大約一千萬），合約長達二十年，所以損益要二十年後才能評估。除此之外，我手上也有一些金額不高的小案子（就是我的工作），全部加起來，我的事業版圖非常大。」

就算在職場上不得志，「媽媽」這份工作的意義和影響力，不是用金錢可以評估的，單親媽媽更需要時常肯定自己的價值，我們或許不是CEO，但是我們正在養育未來的CEO！

或許今天很辛苦，明天也會很辛苦，但是明天的明天，所有的苦終將有回甘的時候。

02

單親教養怎麼辦

我是一個好媽媽，
不是因為我做得多好，或是為孩子付出了多少，
這完全是來自於孩子對我的愛，
是孩子用單純天真的愛，在我這個不完美的媽媽身上，
貼上了一枚「好媽媽」勳章。

單親家庭專出問題兒童嗎？

單親家庭在一九六〇年代暴增，這股風潮從美國、英國、澳洲，一直蔓延到日本等亞洲國家，工業先進造就女性經濟獨立，引發「離婚爆炸」，是單親家庭突增的主要原因。近三十年來，美國有大約四分之一的兒童成長於單親家庭中，台灣的單親家庭也逐年增加，單親家庭比例超過五%，都市化程度較高的地區，破碎家庭的孩子約有八%，其中還不包括夫妻分居、父母其中一方在外地工作的偽單親家庭。

在單親家庭長大的孩子容易產生哪些問題呢？根據一九八〇年代的學者研究，單親教養出現以下狀況的機率較高：

1. 對失去的那方（爸爸或媽媽）缺乏認同，或產生偏頗的成見。

2. 爸爸或媽媽僅顧三餐溫飽，缺乏生活上的照顧。
3. 心理發展不健全，較壓抑，或容易受同儕影響。
4. 母親為了養育孩子，從事不正當的工作。
5. 父兼母職者，以工作為重，忽略子女的教養。
6. 爸爸或媽媽習慣用金錢補償自身的虧欠，造成孩子錯誤的金錢觀。
7. 隔代教養，祖父、祖母無法善盡教育的責任。
8. 孩子沒人管，容易結交壞朋友，走偏的機率較大。
9. 有些單親家庭經濟狀況不佳，孩子易出現偷竊等不良行為。

在看這份年代久遠的研究報告時，我好幾次都為自己捏一把冷汗，深怕這些狀況發生在我們家的孩子身上。

我不曉得雙親家庭的孩子過著什麼樣的生活，但就我自己在單親家庭中成長的經驗，單親的孩子真的比較「沒人管」，我和姊姊小學中年級從香港搬到台灣後，就成為「鑰匙兒」。中午放學後自己帶鑰匙打開家門，自己在家寫功課、看電視，完全沒有人管我們。媽媽的工作很忙，傍晚回家後還要煮飯、做家務，我們在學校的狀況如何、交了什麼樣的朋友，她真的無暇關心。

幸好我和姊姊都在課業上得到不少的成就感，我們成績優異，身邊也自然圍繞著一群物以類聚、功課好的「乖乖牌」，因此才沒有學壞。萬一我的孩子對讀書沒興趣，或是個性比較貪玩、喜歡往外跑，會不會因此成為問題兒童？

關鍵是提供孩子穩定、安全的環境

事實證明，來自單親家庭的問題兒童，比率真的比雙親家庭要高得多。但是也有學者提出了不一樣的觀點，美國學者麥克拉納漢（McLanahan）在一九九〇年代做了一次大規模的調查，他認為單親家庭多半社經地位較低，而形成這結果的原因，除了少部分是因為單親家庭的收入較低，絕大部分是因為，貧窮的家庭離婚率較高。

一般人的刻板印象，總是把單親和低收入劃上等號，倒果為因認為單親是造成低收入的理由，殊不知有更多夫妻是因為經濟狀況不好，貧賤夫妻百事哀，因此沒辦法共同經營家庭；或是貧窮的家庭，從事「耗損性」工作的比例也較高，父親因此傷亡，造成母親獨自扶養孩子的狀況也較常發生。

麥克拉納漢還提出了一項見解：若撇除社經地位、家庭收入對孩子造成的影響，單親家庭的兒童和雙親家庭的兒童，在行為表現上並沒有差異。他認為低社經地位、家庭經濟條件不良，才是養出問題兒童的主要原因，偏偏經濟弱勢的家庭大多是單親，因此才造成一般人對單親家庭的誤解。

隨著我們家老三的成長，我也愈來愈擔憂單親對孩子的影響。若一個孩子從小對自己的父親沒印象，成長過程中缺少其陪伴，對孩子會造成什麼樣的影響？

正巧我在電視台工作的朋友，邀請我們去參與拍攝一個家庭醫學節目，這節目由台灣當紅的小兒科醫師黃瑽寧主持。我乘機把自己的憂慮告訴黃醫師，他是這麼回答我：「美國曾針對殉職軍人的孩子做過研究，這些孩子的爸爸，都在他們很小的時候就為國捐軀了，他們對爸爸沒有印象，只知道自己的父親是個英雄。這樣的孩子長大後，成就發展和在完整家庭長大的孩子沒有差別。」

黃醫師的說法呼應了麥克拉納漢的研究，雖然單親媽媽要承擔雙倍責任，付出雙倍精力，但是我們教養出來的孩子，和在完整家庭長大的孩子沒有什麼差別。

因此，我們大可以放下心中的憂慮，鬆開對孩子的不捨與內疚，只要盡力給予孩子一個安全、穩定的環境，單親的孩子不見得會變壞。

古聖先賢孔子與孟子，美國前總統柯林頓、歐巴馬，他們都來自單親家庭，不完整的家庭，一樣可以造就出完整、優秀的孩子。我們當媽媽的，一定要對自己的孩子有信心，成為孩子的頭號粉絲。就算單親家庭的孩子有九十九％會成為問題兒童，我們仍然要相信，我的孩子就是那例外的一％！

我是個好媽媽嗎？

單親家庭的孩子容易被人貼上標籤；單親媽媽也十分在意自己身上的標籤。

雖然希希已經小學二年級了，每次吃完食物後，她還是會忘記用衛生紙擦嘴巴，因此嘴角經常沾著牛奶或食物的碎屑，髒髒的，像隻小花貓一樣。

「喂，小姐，你已經快八歲了，為什麼吃完東西後不順手把嘴巴擦乾淨？每次都要我提醒你！」

我表面上說得客氣，其實，我沒說出口的是：「你這樣是不是想讓全世界的人都知道你是單親的孩子？是不是你媽媽沒把你教好，讓你連吃完東西要擦嘴巴這麼基本的事都做不到！」

是的，我必須承認，比起希希嘴角髒髒的、不衛生、不好看，我更在乎的是，別人會怎麼評價我這位媽媽？

複雜而敏感的單親心情

完整家庭的媽媽除了「母親」這個角色外，還有「妻子」、「媳婦」的身分，而單親媽媽只能專注在「媽媽」這單一職務上，加上沒有另一半分擔教養子女的責任，旁人通常會認為，孩子表現得好，就是媽媽教得好；孩子表現得不好，也是媽媽單方面的責任。這使得單親媽媽往往更加在意：「我是個好媽媽嗎？」

這種複雜的心情非局外人能夠體會。以前先生在世的時候，我經常瀟灑的說：「我只要當個B+的媽媽就好，別人覺得我是不是個好媽媽，無所謂，當個一百分的媽媽太累了。」然而，當我成為單親媽媽以後，心境漸漸有了轉變，變成：「我認為自己是個B+的媽媽，但是許多人都認為，單親媽媽一定是個不及格的媽媽，所以我必須很努力、很努力，才能不受人質疑。」

舉個例子，我們家老二到了三歲多，講話發音怪怪的，咬字不清楚。我跟我媽提起這件事，她直覺的反應說：「你現在才發現啊！我早就發現了，你一定是因為太忙了，所以沒發現。」

一般媽媽聽到這樣的回應，可能不會有太多負面的感受，或許還會一笑置之：「三歲小孩講話不清楚很正常啊！我又要上班又要帶小孩，的確很忙，所以才一直沒去正視這問題。」

但是對我來說，我媽說的話像針一樣，扎在我單親的傷口上，好痛！我立刻生氣又委屈的反擊道：「我再怎麼忙，都還是把孩子擺第一，我每天熬夜工作，就是為了把時間留給孩子，我絕不會因為忙碌而忽略孩子的！」

我媽被我激動的反應嚇了一跳，不明白自己到底說錯了什麼。

不只是這個事件，有時我忘了簽大女兒的聯絡簿、搞錯老二學校親子活動的時間，其他家長好意安慰我說：「沒關係，你一定是因為太忙了，所以才會忘記。」我表面上禮貌的微笑，心裡卻覺得很不是滋味。

你們難道沒看見我花了多少心血在孩子身上嗎？

你們看不見我每天早上一睜開眼睛，就是開始忙孩子的事，寧可把我的工作和其他事情都擱到深夜。

你們難道不知道，我多努力扛起雙倍責任、填補另一半的空缺，只為了讓孩子覺得自己的家和雙親家庭沒有兩樣？

結果到頭來，我在別人的眼中，仍然是一個因為太過忙碌，而對孩子疏於照顧的單親媽媽；我的孩子只要有任何一點的差錯，就會被歸咎於「都是因為單親的關係」！

好媽媽的標準，是由孩子決定

這當中到底出了什麼問題？很顯然，問題出在我自己身上。正所謂：「說者無心，聽者有意。」別人說不定根本沒有那個意思，是我自己主動對號入座。別人看我或許是忙得團團轉的「三寶媽」（三個孩子的媽媽），我的下意識卻不曾忘記自己是個「單親媽媽」。

我總是一直質問自己努力得夠不夠？做得對不對？希望能夠認真、用力善盡媽媽的責任，讓我們家的孩子雖然出身單親家庭，但還是可以有好的教養。

其實，只需要把焦點放在「讓孩子有好的教養」，這樣就夠了。我要先把我和孩子身上「單親」的標籤撕下來。

當媽媽已經很不容易了，與其努力當個「好媽媽」，不如努力戒掉「好媽媽」這種病！況且，媽媽的分數如何，只有孩子有資格來評，小小年紀的孩子根本不在乎媽媽是否會十八般武藝外加才貌雙全，只在乎媽媽是否具備「親親抱抱」和「餵食」這兩種技能。

某個星期二，我帶著老三出去和客戶開會，會議比預定時間晚結束，因此希希放學回家時，沒有人幫她開門。她在家門口等了十幾分鐘，我才終於回到家。別人看到這幅景象，不知道會怎麼想？「單親媽媽忙到讓孩子在家門口罰站、受冷風吹」，我沒有放過自己，在心裡默默的下了個惡毒的標題。

沒錯，真正對我最刻薄的，一直都是我自己。

「媽媽，你怎麼那麼久才到家？」希希臉上雖然帶著委屈，但更多的是見到我和妹妹的喜悅。

「抱歉，我開會晚了。」我一邊拿鑰匙開門，一邊向她解釋。進了家門後，我問希希：「媽媽讓你等那麼久，你會不會害怕？」

「不會啊。」她搖搖頭，「你早上出門前有跟我說，我知道你是去工作，你一定會想辦法趕回家幫我開門的。」

我從袋子裡掏出在路上買的銅鑼燒給她。希希開心的接過去，故意諂媚的說：「媽媽最好了！我最愛你了！」

這一刻我不再懷疑，並徹底明白：「我是一個好媽媽。」不是因為我做得多好，或是為孩子付出了多少；這完全是來自於孩子對我的愛，是孩子用單純天真的愛，在我這個不完美的媽媽身上，貼上了一枚「好媽媽」動章。

我可以太忙，可以犯錯，可以繼續迷糊、忘東忘西，只需要小心，別讓其他人貼的標籤，淹沒了這枚閃閃發光的動章。

如何接住孩子的情緒？

我先生過世時，我並不在他身邊，當我接到醫院打來的電話，得知噩耗時，我的第一個念頭是：「孩子怎麼辦？她們會怎麼想？我要如何弭平她們的傷痛？」我最在意的，就是「孩子的情緒」。不出我所料，希希知道爸爸離開的消息後，哭得肝腸寸斷，連續一段時間，她的情緒都非常不穩定，經常無理取鬧，氣憤得又哭又叫，像發了瘋一樣。

當時她才快六歲，不太能夠準確說出自己的感覺，我想，這麼大的情緒起伏，非她所能控制，可能連她自己也嚇到了。

不少心理學家做過研究，對孩子來說，「父母過世」是最大的衝擊；其次則是「父母離異」。

成為孩子健康的情緒出口

幼年喪親的衝擊究竟有多大？我不清楚，但我走過父母離異帶來的失落歷程。我的父母正式離婚時，我正值青春期，當時還搞不清楚這件事帶給我的影響，但是我變得不喜歡回家，在群體中喜愛特立獨行，心裡常常有一種說不出來的憂傷……。

多年後再回頭爬梳這段往事，檢視自己的傷疤，才明白當我得知父母離婚時，我覺得自己沒有家了，我的爸爸媽媽不再是夫妻了，身為他們的孩子，我又是誰呢？如果他們真的愛我，為什麼不能為了我和對方好好相處？為什麼沒有人問問我的意見，好像這事跟我無關一樣？如果家會散、人會變，那麼，還有什麼值得我去相信的呢？

父母離婚影響我對自己的認同，所以我用叛逆的行徑來證明自己，也覺得自己和同儕不一樣，內心有很強烈的孤獨感。我知道我的父母很愛我，但是我面對他們時，常常會不由自主的感到憤怒，等到怒氣消去以後，取而代之的是一種令人難受的內疚感，為了逃離這樣的情緒迴圈，我決定選擇盡量離我的父母遠一點。

從此我躲進我的小世界裡，關上門，不想被大人的事打擾。直到很多年以後，我走進了教會，在上帝的愛幫助下，我才有勇氣重新去審視那個年輕的、受傷的我。

當時的我需要什麼？父母要怎麼做才能澆熄我的憤怒、平撫我的憂傷？我想，我需要的只是一個健康的情緒出口，如果有人能夠跟我好好聊這件事，如果有人可以問問我的感受是什麼，我就不用讓這些錯綜複雜的情緒，在我心裡燜燒這麼久。如果大人願意向我敞開他們的無奈，讓我試著去同理他們的困境，並且也願意傾聽我的心聲，了解這事對我的影響，我想我可能很快就會好起來。他們不需要理解我的感受，只要陪著我，讓我有勇氣去面對自己的感受。

因此，我常和希希聊起爸爸的事，允許她大哭大叫來宣洩情緒，然後我會抱著她，一遍又一遍的告訴她：「沒有關係，沒有關係……。」

這是兒童心理諮商師教我的，在陪伴孩子面對失落歷程時，孩子很可能會感到難過、憤怒、被遺棄……這時，大人不需要刻意說一些正面的言語，像是「爸爸還是很愛你」、「你還擁有很多東西」來安慰孩子，只需要平靜的告訴孩子：「沒有關係。」

允許孩子的傷口存在，但是沒有關係，只要不一直盯著傷口看，就不會覺得那麼痛。告訴孩子「沒有關係」，陪伴他接受這份遺憾，並且淡化失親的後座力，讓孩子相信自己有能力去承接這份衝擊。

陪伴孩子接受生命的遺憾

雖然我很能理解孩子的失親之慟，但有時希希無故發脾氣，也會把我平時壓抑的情緒撩起來，很多充滿毒素的話開始浮現在我的腦海之中，像是：「我都已經盡力給你最好的生活了，你到底還要怎麼樣？」「你以為只有你失去了爸爸嗎？我也失去了丈夫啊！我能跟誰發脾氣呢？」「你爸死了還不夠，現在你也想要逼死你媽嗎？」

這些話光是用想的，殺傷力就已經夠強了。我僅存的一絲理智使我保持沉默，沒有讓這些傷人的話脫口而出。

為什麼我會有這樣的念頭？為什麼我會想要說出這些話來傷害我的孩子？我明明很愛希希，為什麼會想要故意傷害她？

我向心理諮商師求助，發現原來我一直努力想要彌補孩子的損失，希望把爸爸沒做到的那一份給加倍補滿，我希望讓她們過著幸福快樂的生活，就像其他雙親家庭的孩子一樣。

「媽媽，不要想去彌補，這樣你太累了，而且，你也彌補不了，這不是你能做的，你要陪伴孩子去接受這些遺憾，不用想辦法把遺憾補起來。」心理諮商師這麼對我說。

正因為我一直很努力，想連爸爸的那一份一起給孩子，我用心營造幸福美滿的家庭，讓我們家不因為單親而缺少什麼。當我看見我的孩子仍然有情緒，仍然會不滿的時候，就感到十分受挫，彷彿我所有的心血全都功虧一簣，也一下子逼出所有的負面情緒，讓我想要用句句帶刺的話語「毀掉一切」。

原來，孩子的情緒不是問題，如何在孩子鬧情緒時保持冷靜，這才是大人該學的情緒管理。

我很清楚，媽媽在接住孩子的情緒之前，必須先接住自己的情緒。但是我卻沒想到，最大的情緒爆裂點，在於我們是否能夠真正接受人生當中的遺憾。

我反省自己，發現我總想在孩子面前扮演堅強的媽媽，其實我更應該做的是：接受我們家缺了一角的事實、承認自己代替不了爸爸的角色、省察自己內心的憤怒或憂傷，然後溫柔的告訴自己：「沒有關係。」

不是只有孩子，才需要被安慰。

情緒的抒發，未必不好；「有情緒」絕對比「沒有情緒」來得更好。家庭破碎了，家中的每一個人都一定會有情緒，大人有大人的功課要學，小孩也有自己的功課要面對，他們有權利悲傷、生氣、不安……這是單親孩子無可避免的人生功課。我們不需要設法讓他們把情緒由負轉正，只需要讓他們知道：「你的感受，我不能完全了解；但是，我會一直在你身邊。」

孩子總是惹我抓狂，怎麼辦？

每次聽人抱怨自己的老公是「豬隊友」，我都會忍不住在心裡嘆氣，育兒就跟打仗一樣，有個「豬隊友」總比沒隊友、一人孤軍奮戰要好多了！我不求「豬隊友」能幫孩子換尿布、洗屁股，只希望在我情緒爆炸、想要揍小孩時，至少還有個人能夠拉住我！

情緒失控，是許多單親媽媽共同的經驗。

有一個心理測驗是這樣的：一、嬰兒在哭；二、你想上廁所；三、電話響了；四、門鈴響了；五、發現浴室的水龍頭沒關。這五件事情同時發生，你解決問題的次序是什麼？

對我來說，這並不是一個有趣的心理測驗，而是經常在我家真實上演的情景，媽媽的情緒就是這樣被引爆的！

不是每個問題都要立刻解決

一天傍晚，老大在書桌寫功課，三歲的老二和一歲的老三在客廳玩，我在廚房炒菜，炒到一半，老二和老三為了搶玩具吵了起來，滿屋子都是她們的哭聲和尖叫聲，我忙著煮飯，只能暫時忽略她們。

精明的老三跑來廚房想找我討抱，老二不甘示弱，也朝廚房的方向跑了過來，兩人爭先恐後，只聽見「碰」一聲，老二的鼻子撞到了牆壁，鮮血立刻從鼻孔流出來，我急忙拿衛生紙替她止血。好不容易等到血止住了，鍋子也傳出陣陣的焦味……。

「為什麼要在家裡奔跑？說過多少次了，不准在家裡跑，你為什麼就是不聽？」我一邊關心老二的傷勢，一邊氣急敗壞的對著她吼。

「你也一樣！不要以為你還小，就可以橫行霸道，再不聽話，媽媽會『修理』哦！」我連還似懂非懂、正牙牙學語的老三也不放過。

罵完兩個小的，我再繼續罵大的。「姊姊！你為什麼只顧著寫功課！妹妹流鼻血，你也不來幫忙？」無辜的老大莫名其妙遭了一頓罵。

「我又不知道發生了什麼事……。」老大委屈的說。

「什麼叫你不知道？妹妹哭得那麼大聲，難道你聽不見？為什麼你只顧自己的事！」這下子，連老大都開始哭了。

我到底在幹什麼？我在廚房忙了半天，結果是三個孩子都在哭，菜燒焦了，大家都沒飯吃，這叫我怎麼不抓狂？單親媽媽連想順利煮頓飯，都得碰運氣。

安撫完孩子以後，我清洗燒焦的鍋子，心裡感到懊悔又挫折，一方面知道自己不應該遷怒大女兒，一方面又氣自己沒有達成預設的目標——煮出一桌可口美味的菜餚。

大女兒看見我把菜燒焦了，很擔憂的問：「媽媽，那我們晚餐要吃什麼？」

「吃白飯啊。」我沒好氣的回答。原以為她們會「嫌棄」白飯沒味道，沒想到大女兒聽了，居然高興的說：「太棒了，我最喜歡吃白飯了，我要加肉鬆！」老二、老三聽見了，也立刻附和姊姊，三姊妹開開心心的吃了一頓白飯配肉鬆。

她們的好心情也鼓舞了我，讓我明白，其實孩子要的很簡單，是我為自己訂了太多、太高的標準，一旦達不到，這些目標就成了我的壓力，使我情緒緊繃。既然山不轉，路就轉吧！家裡有小孩，就必然會有哭聲、吵鬧聲，還有各式各樣的突發狀況。

當各種緊急事件同時發生，你解決問題的次序是什麼？以前我總想把每個問題都解決，所以搞得自己抓狂，但事實上，不是每個問題都非得立刻解決不可，嬰兒哭了、門鈴響了、姊妹吵架、菜燒焦了……都比不上先做個深呼吸，喘一口氣來得更重要。

時時刻刻把自己的心情擺第一位，練習在「瘋狂動物園」中保持心情平靜、不煩躁，這才是媽媽最高深的道行啊！

和孩子約定「收工」時間

當然，有些時候媽媽變身噴火龍，和孩子一點關係也沒有。

女人每個月就是會有幾天情緒不好，還有工作壓力、家庭經濟或其他煩心的事情，也都有可能是媽媽情緒的導火線。

我發現自己只要每到截稿日前幾天，就會對孩子特別沒耐心。根據受害者的證詞：「媽媽常常對我『凶巴巴』的說話。」因為我覺得用凶巴巴的語氣，通常能夠最快、最有效讓孩子服從指令，也讓我不用再耗費大量心思去和她們鬥智。

但是，成天板著臉、發脾氣，搞得家裡烏煙瘴氣，連我自己都不喜歡這樣的媽媽。於是我開始思考，有沒有什麼辦法，能讓我在面對工作壓力時，還可以對孩子和顏悅色呢？

我發現我焦慮的原因，是因為擔心自己沒有充足的時間完成工作。我是在夜晚孩子上床以後開始工作，所以，我試著和孩子商量：「媽媽這幾天工作比較忙，你們願意幫忙媽媽工作嗎？」

「當然！」她們聽到我這麼說，眼睛都發亮了，「你要我們幫什麼忙？」她們充滿期待的問。

「媽媽需要花多一點時間工作，你們能夠幫忙媽媽的，就是提早一個小時上床睡覺，讓媽媽可以早點開始工作，也可以早點休息，好嗎？」

單親家庭的孩子大多特別懂事，她們明白媽媽要工作，又要照顧孩子，蠟燭兩頭燒的辛勞，總是很樂意「幫媽媽的忙」。

當我知道自己能提早一個小時從媽媽的工作「收工」，心裡面的壓力頓時減輕了不少，火速餵飽孩子、幫孩子檢查功課、洗澡、刷牙……整個過程中一點都不會感到煩躁。

由於全家人擁有「八點半熄燈」這項共同目標，孩子也都很願意配合，不會拖拖拉拉，也不會叫不動，因為她們知道，媽媽八點半就要「收工」了，如果沒有在那之前請媽媽幫忙，把該做的事情完成，等媽媽「收工」後，就必須「自己照顧自己」囉！

讓孩子「自己照顧自己」，這有可能嗎？對我來說，這一點都不困難，反正孩子一天沒洗澡、一天沒刷牙，其實也不會怎麼樣；建立好規矩，讓孩子尊重媽媽的「收工」時間，孩子才會珍惜媽媽的協助，不會無所事事、拖拖拉拉，媽媽抓狂的頻率自然也會大大降低。反正只要時間一到，媽媽就可以「收工」，去享受自己的生活了！

知道媽媽不是一份二十四小時、全年無休的工作，可以準時「收工」，還能守住僅存的一些自我，這多少能讓媽媽脆弱的理智線，不再那麼容易斷裂。

如何訓練孩子獨立又自律？

大女兒希希上小學後，班導師對她的評語是：「她很獨立又負責任，會自己主動完成很多事。」

小學低年級一個禮拜有四天只上半天課，中午十二點就放學。為了省錢，希希沒有去安親班，下課回家後，她會自己完成功課、看書、練琴、做勞作，幾乎不需要我督促她。我可以在房間陪老三玩，或是趁老三午睡時工作，希希的獨立，可以說幫了我很大的忙。

給孩子練習自己做事的機會

在外人眼裡，希希是因為生長在單親家庭，所以特別獨立。其實，培養希希獨立性格的不是我，而是她的爸爸。我先生對孩子的教育有獨到的見解，他認為比起成績好、多才多藝，更重要的是，孩子能夠發展自己獨特的潛能、了解自己的長項。

我先生對幫嬰兒換尿布、餵奶都很被動，但是等孩子大一點，他可說是陪玩高手。只要週末有空，他就會帶孩子出去從事戶外運動，而且是用「爸爸的方式」來玩。

比如說，希希兩歲多時在沙坑玩，他會把孩子身體胸部以下都埋進沙裡，我這個做媽的只能在一旁緊張兮兮的鬼叫：「小心一點！」「把衣服弄那麼髒，是誰要負責洗？」

希希的爸爸讓她在各樣嘗試和體驗中領悟到：「我可以！」因為有這樣的信心，所以希希喜歡接受挑戰，勇於嘗試沒做過的事，不知不覺間，她就比一般同年紀的孩子獨立。

只要是孩子能自己做的事，我們會鼓勵她自己做。一歲多開始自己拿湯匙舀飯吃；三歲上幼兒園後，練習自己整理書包；四歲開始自己洗從學校帶回來的不鏽鋼碗，也練習自己洗澡……她對每個新挑戰都樂在其中，並且享受著成長的喜悅。

早在學齡前，希希就已經表現出獨立的特質。別人家的孩子玩具壞掉了，第一個反應是找爸爸、媽媽修理，而希希會試著自己先修修看。因為在家裡，當她向大人求助時，我們不會馬上幫她忙，而是鼓勵她：「你想想辦法，如果不行，我再幫忙你。」有幾次她自己誤打誤撞，竟然把壞掉的玩具修理好了！這也讓她養成了喜歡動手嘗試的習慣。

當然，每個進步歷程都有相對要付出的代價。一歲多的孩子自己吃飯，必然弄得桌子、椅子、地板和自己身上都是飯粒；三歲孩子書包裡的物品，總是被塞得一團亂；四歲孩子洗碗，怎麼可能洗得十分乾淨？讓孩子做，可能比大人自己做要來得更麻煩。但回想起來，我很慶幸我們當時的堅持，因為訓練孩子自己做，長遠來說，不僅可以減輕父母的負擔，孩子從中培養出的獨立精神和責任感，更是千金難買。

希希上小學時，比幼兒園時期少了一個爸爸，多了兩個妹妹，媽媽一個人要照顧三個孩子，她勢必得負起自己的責任。上小學的第一天，中午放學後，我接她回家，她問我：「那我下午要做什麼？」

我給她上了一堂課，叫做「時間管理」。她自己畫了一張時間表，貼在書桌前，每天幾點要寫功課、幾點要練鋼琴、幾點要洗澡……讓她自己規劃，自己負責執行，因為是自己做的決定，所以她也很願意遵守。經過一個禮拜的修正與調整，她找到了最合乎人性、適合自己的作息時間，她得意的拿著那張時間表來「規定」我：「媽媽，我的晚餐時間是六點十分，你要在那之前把飯煮好哦！」

不過，這樣按表操課，難道不會有耍賴的時候？

在教希希規劃時間表的時候，我交代她連玩、運動、看卡通、發呆放空的時間，都要一併規劃進去。她的時間表上，寫功課的時間只有一點點，玩的時間比較多，整張表格幾乎填滿了她喜歡做的事，又何必耍賴呢？

有時她寫功課寫累了，我就會準備點心來提振她的士氣，鼓勵她快點完成，來吃點心。我告訴她：「寫功課是你自己的事，媽媽不會坐在旁邊盯著你寫功課，但是會幫你準備點心，替你加油！」

小學低年級的課業內容還算輕鬆，到目前為止，希希都很樂在學習，成績也在標準之上，替我省下不少心力。

自律最大的獎賞是「自主」和「自由」

我認為訓練孩子獨立的關鍵是，「相信孩子做得到」並且「讓孩子有所選擇」。

每一次賦予孩子新的挑戰，或是訓練孩子新的能力，我都會清楚的告訴孩子：

「媽媽覺得你應該有能力做得到，我們試試看！如果你還沒有預備好，也沒關係，不用勉強，我們可以等你預備好再來嘗試。」這樣孩子會知道，有些事媽媽要求他獨自完成，不是因為媽媽不想幫他做，而是因為他長大了，可以嘗試跨界，突破自我。

而訓練孩子自律，則是要「讓孩子負起自己的責任」，同時「賞罰分明」。有的父母落實「功課是孩子自己的事」，孩子不寫功課，就讓學校老師來管。這可能會讓不懂自律的孩子，更加無法無天。我們在放手讓孩子負自己的責任前，一定要先和孩子約定好：「媽媽相信你是個負責任的孩子，所以讓你自己安排時間、自己管理學習進度，但如果你沒有管理好，我就會取消你這個權利。」聰明的孩子很快就發現，自律最大的獎賞是「自主」和「自由」，愈自律的人，就能更自由的規劃時間，做愈多自己想做的事。

我在希希剛進小學時和她約定好，我們先嘗試一學期，讓她自由安排課後時間的運用。如果她不能負起自己的責任，那麼下個學期，我就會讓她下課後留在學校，跟著團體作息走。她很不想課後留校，所以這對她就算是一種懲罰。

單親家庭具有絕佳的環境條件，較容易發展出孩子的獨立性。有些朋友聽說希希這麼小就必須自己完成許多事，會替她感到心疼；也有些長輩會質疑我這個媽媽不盡責，竟讓這麼小的孩子「自生自滅」。因此，我認為在訓練孩子獨立的過程中，要先做好心理建設，清楚自己對孩子每項要求背後的動機。

就我而言，我不認為「訓練孩子獨立」等於「讓孩子分擔媽媽的責任」，而是「賦予孩子能力，讓孩子學習自立自強」。孩子邁向獨立的過程，需要大人一路護航。父母更要耐心等待，讓孩子按照自己的步調來成長。我常常覺得，這根本不是在訓練孩子，而是在訓練爸媽啊！

孩子愈獨立，大人就愈省力。此外，單親的孩子若擁有生活自理的能力，知道自己不用大人幫忙也能打理好自己的生活，從心理層面來說，這能夠有效降低家庭變故對孩子造成的衝擊，也為孩子打造最佳防禦力。

怎樣培養孩子正確的金錢觀？

「媽媽，你可以買這個給我嗎？」「媽媽，那家餐廳看起來好好吃哦，我們能不能去吃？」身為家中的財務大臣，每天只要睜開眼睛，就有數不清的錢坑等著我去跳。

省錢和減肥一樣，知易行難，每分鐘都得和欲望拔河，一不小心就會功虧一簣。大人還能夠用意志力來抵擋消費欲望，但是小孩呢？面對孩子的要求，媽媽要如何避免荷包失守？

我從來不會回答孩子：「那個東西很貴，媽媽沒有錢，不能買。」因為單親家庭的孩子特別敏感，也比較沒有安全感，我不希望她們為家裡的經濟擔憂，覺得：「少了爸爸，媽媽一個人好像無法撐起整個家……。」

我總是跟孩子說：「我們家的錢很夠用。」「我們很幸福，比起世界上許多窮苦的人，我們已經擁有太多東西了。」

那麼，既然錢夠用，為什麼還要東省西省，這個不能買、那個也不能買？我通常會這麼告訴孩子：「你真的想要這個玩具嗎？那麼等你生日的時候，我們再來買，你確定要這個嗎？你也可以選擇其他玩具哦！」孩子一聽到還有其他選項，往往就不會再執著於眼前的玩具，甚至會覺得其他玩具好像更好……嘿嘿，媽媽又一次成功擾亂視聽，轉移孩子的注意力了！

有時，我也想讓孩子知道金錢的價值，以及資源分配的觀念。

學齡前的孩子對數字沒有概念，所以我不會直接告訴孩子：「這太貴了，媽媽捨不得花這麼多錢。」由於我們家的孩子很重視「吃」，我就把玩具的價格換算成飯錢，告訴孩子：「這個玩具等於我們家三天的飯錢，你願意三天不吃飯，把這個玩具買回家嗎？或是你願意一整個月不吃零食，媽媽就把幫你買餅乾的錢拿來買玩具。你覺得這樣值得嗎？」通常孩子自己衡量後，會告訴我：「媽媽，其實我們也可以不要買這個玩具⋯⋯。」

把想買的東西列成「心願清單」

許多人會把「省錢」和「貧窮」劃上等號。但其實有正常收入又懂得省錢的人，通常也很會攢錢，大多不會窮到哪裡去；真正口袋空空的人，反而不太能夠控制欲望，因為心裡的貧窮感和自卑感不斷驅使他，要用消費購物的快感來得到短暫的滿足，填補心中的空洞。根據我的觀察，許多人之所以成為卡奴，口袋沒錢卻還忍不住要花錢，都是心裡的貧窮感作祟。因此，如果想要確實省錢，就要先擺脫內心的貧窮感。

我教導孩子：「我們不是『買不起』，而是『選擇不要買』，因為我們要把錢花在更有意義的事上。」平時生活盡量節省，偶爾我也會帶孩子上餐廳吃頓飯，或是利用到外縣市工作的機會，順道帶孩子住飯店，享受華麗假期。

有時，我也必須和自己的購物欲望拔河，畢竟以前的我，小額消費都不需要經過大腦，兩年就可以換一支新手機、看到名牌包打折，此時不買更待何時？但是現在我連喝一杯超商咖啡都要斟酌，百貨公司衣服都已經下殺到五折，我還是捨不得買……。

專家說，如果想要減肥成功，就不能餓過頭，因為一旦身體餓過頭，就會反撲吃得更多，結果愈減愈肥。

省錢也是一樣的道理。因此，我把想買的東西都寫下來，做成一頁「心願清單」。清單上的東西，我統統可以買，只是必須有計劃的買。只要月底開支有結餘，或有額外的收入，我就可以把「心願清單」上的東西帶回家。這樣的想法讓我的購物欲立即得到滿足，彷彿我已經擁有了「心願清單」上的每一樣東西。

每每等到我存夠了錢，終於購入清單上第一項物品時，早已經忘了後面那長長一列待買清單是什麼了。

在逛購物網站時，我也運用同樣的方法，把想買的東西統統加入平台的「購物車」，但是暫時不買單。

買東西最怕衝動消費，所以我給自己一個禮拜的猶豫期。七天後如果還是覺得有需要，就買；若是在這七天當中，我都沒有想到這樣東西，可想而知並不是非買不可，那就把它從「購物車」中刪除吧！

這方式讓我一樣能享受逛街購物的樂趣，但是卻沒有真的花到錢。既然「我的大腦一直叫我買」，那我就告訴自己：「我什麼都可以買！」但是不急著付錢。

許多人都是因為覺得自己「沒有」，所以才會過度消費，想要填滿欲望的無底洞。因此戰勝購物欲最有效的方法，就是告訴自己：「我什麼都有了！」「我什麼也不缺！」

給予，讓心靈更富足

當然，我並不是一直這麼清心寡欲、知足無求，買東西曾經帶給我很多快樂，特別是心情鬱悶時，購物也是我用來紓解壓力的方式之一。成了單親媽媽後，有時我也會忍不住想要買東西來寵愛自己，甚至會想買一些高單價奢侈品，用來證明自己「其實過得還不錯」，但我心裡曉得，現在的節省是為了將來的輕鬆；相反，若我選擇花錢買快樂，就是在為未來囤積更大的壓力。

我發現，購物所帶來的快樂，無非是在證明自己的能力，證明「我值得！」「我做到了！」於是我跟自己玩個小遊戲，把「購物的快樂」轉換成「達標的成就感」，為自己設定許多任務，例如「全家一天只花五百塊」、「今天都不花錢買食物，吃飯就清冰箱庫存」、「挑戰五十元吃一餐，一家四口都要能吃飽」等。每次達成目標時，我都忍不住為自己喝采，而那種成就感一點都不亞於買東西犒賞自己的快樂。

另外一個驅走貧窮感的方法，就是「給予」。我們家孩子平常很少有機會進商店買東西，但若她們要送生日禮物給同學，或是聖誕節玩交換禮物，我就會編列預算，帶孩子到文具店，讓她們精心挑選一份合適的禮物送給同學。難得有機會走進商店購物，孩子當然也會有想買給自己的東西，因為文具店的商品價格不高，所以我也允許她們乘機「敲詐」，順便為自己選一樣小禮物。

從小我媽就教我：「對自己要節省，對別人要大方。」我也希望把這樣的價值觀傳承下去。送禮貴在真心誠意，因此要用心準備，不能隨便。這不是愛面子或裝闊，而是一種向人表達愛的方式。我不希望我的孩子為了省錢，結果把對人的愛心與熱情一併省略。給予，不會讓自己所擁有的東西變少，反而可以讓自己洋溢心靈的富足。

「省錢」有時和銀行戶頭裡有多少錢無關，而是和我們對金錢的態度有關。我們不是一股腦兒的省、省、省，而是「儉」、「簡」、「減」，選擇勤儉度日、簡單生活、減法人生。

以前有先生跟我互補合作，我們一個開源、一個節流，一個豪氣、一個守財，我連家裡的水電費多少錢都搞不清楚。現在只有我一個人負擔家庭經濟，不得不務實一點，吃米總要知道米價。

有了孩子以後，我很少有時間，也沒企圖心充電和進修。但先生過世後，我開始閱讀理財書籍，涉獵許多理財知識和觀念。我認為理財是單親媽媽必修的一門課，因為必須對金錢有概念，要追著錢跑；但是又不能太重視金錢，結果被它奴役，兩者之間的分寸需要拿捏得剛剛好。少了先生的搭檔，我必須更全方位學習管理金錢，才能把健康的金錢觀與富腦袋傳承給下一代。

我希望我帶給孩子的示範，不是小氣、摳門的省錢術，也不是害怕缺乏、對錢沒安全感的窮人思想，而是教孩子真正認識金錢的價值，能夠妥善運用每一塊錢。當他們長大後回憶童年時，想起的不是沉重的經濟壓力，而是一份由媽媽自創，使心靈豐裕、口袋有餘的輕盈生活美學。

想讓孩子愛上閱讀，怎麼做？

孤獨，是許多單親孩子必須面臨的狀況。雖然我已經盡量花時間陪伴孩子，但是希希身為家中年紀最大的孩子，還是有很多必須一個人獨處的時候。

媽媽哄妹妹睡午覺、媽媽幫妹妹洗澡、媽媽臨時要趕工作交給客戶……當媽媽沒有空時，希希一個人都在做什麼？我很慶幸，她會一個人安靜的看書，享受閱讀的樂趣。

很多朋友都很羨慕我，跟我說：「你們家女兒好乖，會自己看書，我們家小孩都不看書，我想他一定不是讀書的料！」也有一些家長知道我以前當過作文老師，會請我分享「怎麼讓孩子愛上閱讀」。

每當遇到類似的疑問，我都會反問這些大人：「那你自己會看書嗎？」孩子是看著父母背影長大的，如果父母希望孩子愛看書，自己卻在一旁看電視、滑手機，孩子又如何能夠感受到閱讀的樂趣？

讓孩子從小習慣接觸書本

我自己很喜歡看書，我們家孩子總是能看到媽媽一有空檔，就捧著書本躲在角落「啃書」，她們自然會認為閱讀是一件有趣的事，是大人喜歡做的事。我們家客廳不放電視，家裡沒有平板，我不需要使用手機時，就會把手機放在孩子拿不到的地方；家裡的童書比玩具還要多，孩子從小就能體會到，看書也是玩樂的一部分。

我認為，書本就跟玩具一樣，是孩子從小就需要的。當孩子六、七個月大，開始能夠玩玩具時，我就把一些厚頁紙的寶寶翻翻書當成玩具給孩子玩。

希希兩歲以後，我每個禮拜都會帶她到兒童圖書館，讓希希自由選書，我唸給她聽。這年紀的孩子很喜歡重複的事物，有些書我們讀了五、六次，這些熟悉的故事為孩子成長灌注了厚實的養分，希希經常把故事情節應用在生活中。

在家裡，我也接收朋友孩子的二手書，為孩子布置了一個閱讀區。希希上幼兒園以後，在家的時間減少了，但我每個禮拜都會抽出一小時，看書講故事給她聽，直到妹妹出生後，我還是會趁妹妹睡覺時，單獨陪伴希希，這段時間我們大多用來講故事，書本成了我們親子間親密聯結的橋樑。

希希上小學、開始學認字後，也嘗試自己閱讀。一年級上學期的某天，她突然發現自己可以看懂書上的字！從那天起，她每天只要有空，就是捧著書本閱讀，我規定她看書半小時，就要讓眼睛休息一下，而她總要我一勸再勸。

每個孩子的性格都不太一樣，我們家老二比較坐不住，不管看書、玩玩具，她都只持續兩分鐘後就興趣缺缺，想變換新花樣了。

老二兩歲多時，我也開始帶她上圖書館，培養她閱讀的興趣。但是往往一本書翻開後只講了兩頁，她就跑走了。我沒有因此就認定她「不愛讀書」、「不是讀書的料」，因為我覺得閱讀就跟運動、畫畫一樣，是生活的一部分，有的人不愛運動、沒有運動細胞，大多數人也沒有藝術天分；但是基本的快走、跑步、伸展、塗鴉、著色等，幾乎人人都可以做到；只要不設定過高的目標，把運動、藝術視為休閒生活，這就是一件令人享受的事，而閱讀也是一樣。

老二到了三歲以後，認知發展更進步，也開始喜歡聽故事。她不像姊姊看書時一本接一本，看得欲罷不能，而是喜歡重複閱讀同一本書，聽我反覆說了三遍也不厭倦。

有一天，幼兒園老師告訴我，我們家老二會在學校說故事給同學聽，老師把過程拍攝下來，我看了才發現，原來我陪老二閱讀繪本時，她一直偷偷學我怎麼講故事。她看書時比較坐不住，不是因為不喜歡「聽故事」，而是因為更想要「自己講故事」！

兩個姊姊都愛讀書，老三自然也有樣學樣。還不到兩歲時，她常常會自己抓一本故事書，坐到我腿上，說：「媽媽講故事！」我陪著她指認書中的各種圖案，像是寶寶、衣服、鞋子……有些物品她可以自己叫出名稱，就會笑得合不攏嘴，十分得意。我知道，她也正在一步一步愛上閱讀，讓書本成為陪伴她一生的好友。

有時週末的早晨，大姊坐在沙發上看書，老二、老三就會各捧著一本書，三人一字排開一起閱讀，讓我享受難得的寧靜時光。

陪伴孩子走進閱讀的奇妙旅程

孩子年紀愈大，就會有愈多時間獨自一人在家。我身邊有些家長會擔心孩子週末起床，第一件事就是打開電視，然後看電視看一整天，或是沉迷電玩，玩到半夜還不睡覺。未成年的孩子自制力比較不足，一遇到喜歡的事物，就容易投注所有時間，難以自拔。

我認為，比起沉迷3C產品，讓孩子沉迷在書本的世界裡，是更好的選擇。趁孩子小的時候，每週花半個鐘頭陪伴閱讀，讓孩子把閱讀和親子的精心時刻聯結。以後每次打開書本，他們心裡就會浮現出一份甜蜜溫暖的感覺，如此一來，孩子勢必會樂在閱讀。

但若大人只是把書本當成打發孩子的工具，孩子將感受到：「媽媽要我看書，就是要我別吵她！」那麼孩子一定會想盡辦法拋開書本，去做一些讓自己感到更愉快的事。

大人可以規定孩子「閱讀」，但是不能強迫孩子「愛上閱讀」。就我看來，如果想要養成孩子閱讀的習慣，就不要「鼓勵」孩子閱讀，而是要「陪伴」孩子閱讀。倘若大人認為閱讀是一件有趣的事，孩子在潛移默化下，不知不覺就很容易「上鉤」。

愛上閱讀，不僅是為孩子打開一扇通往世界的窗戶，啟動想像力奔馳，更是在這高速失序的時代中，為孩子奠定一份安靜自處、自我滿足的能力。相信正在看這段文字的你，一定已經感受到閱讀的好處，那就盡可能陪伴孩子走進閱讀的奇妙旅程吧！只要慎選讀物，注意視力保健，「書本保母」絕對比「3C保母」要來得安全、有益。

暑假的某個寧靜早晨，三姊妹都愛看書，家裡安靜得像小孩不在家一樣。

一人分飾兩角，黑臉、白臉都是我？

每天換尿布、煮三餐、把十幾公斤重的「老嬰兒」扛在身上、繞著三個孩子轉……這些都不是最累的時候；孩子態度不好、行為偏差，才真的讓我感到疲憊。這種累，叫做「心累」。

以前我先生還在的時候，孩子不守規矩、調皮搗蛋，我的大絕招就是：「我要跟爸爸說囉！」

爸爸就是爸爸，有股天生的威嚴，很多事我唸了十遍，孩子仍然當耳邊風，但是爸爸只要一個眼神，孩子馬上乖乖照做。我和先生時常針對彼此的教養觀念溝通協調，達到一致的共識，然後一個扮黑臉、一個扮白臉，合作無間。先生負責教導，讓孩子清楚界線和原則；我負責勸慰，讓犯錯受處罰的孩子有台階可下，情緒也有抒發的管道。

單親難以拿捏管教力道

希希四歲時，獨自睡在自己的房間。記得有一晚，她跟大人道晚安後，摸黑在床上偷吃巧克力餅乾。那盒巧克力餅乾是朋友送的，希希知道我不讓她吃巧克力，所以她不動聲色的把餅乾拿到房間裡，藏起來偷吃。

隔天早上，我在她床上發現了巧克力餅乾的包裝袋，感到非常震驚！一個四歲的孩子，竟能如此沉著的「犯案」！她想吃巧克力餅乾，為什麼不跟我說？是因為平時我控管她的飲食嚴格過頭了嗎？偷吃零食不算是很嚴重的罪行，我該處罰她嗎？

我的個性十分優柔寡斷，孩子做錯事，我很容易同理孩子，合理化孩子的行為，套句我先生的說法：「難怪孩子會騎到你頭上！」我的確經常被孩子吃定。

正因為如此，才凸顯了爸爸的偉大和重要。過去，每當碰到孩子行為不檢，我只需要呈報上級，請孩子的爸爸出馬，而他總是能夠對孩子曉以大義，讓孩子心服口服。

我先生通常會面對面、很慎重的和孩子坐下來談，還沒開口，肅穆的氣氛就已達到威嚇作用。只需要短短十分鐘「審問犯人」，「犯人」就能夠明辨是非、自首認錯、改過自新。

家裡有一張黑臉真好。

等到我成為單親媽媽後，遇到孩子說謊、態度不佳、講不聽等「欠教訓」的狀況，就必須一人分飾兩角，一會兒扮黑臉，一會兒扮白臉，常常搞得自己灰頭土臉，拿捏不好管教的力道。每次看見孩子的缺失，我都忍不住先嚴厲的罵一頓，有時打手心做為處罰，把孩子弄得哭哭啼啼的，然後再來收拾殘局，擁抱孩子以示安慰。

上一秒嚴厲，下一秒溫柔，這樣孩子會不會感到很混亂？我自己都差點要精神錯亂！管教孩子是否能有更好的方式？事隔多年，如今希希已經快八歲了。有一次，她在回顧和爸爸以往相處的點滴時，向我「自首」說：「其實，我那次偷拿巧克力餅乾到房間去吃時，爸爸就坐在旁邊哦！爸爸在滑手機，所以沒看到我偷拿餅乾。」

「你記得那次爸爸怎麼教訓你嗎？」我問她。

「我不記得了。」

「那你現在還會把食物拿到床上偷吃嗎？」

「當然不會啊，那很髒耶！會引螞蟻來。而且我現在長大了，我知道，我想要吃什麼，跟媽媽說就好啦！」

重點在於定出是非標準的界線

希希的反應令我反思，到底管教的目的是什麼？究竟我們想要透過或輕或重的管教，在孩子身上留下什麼？原來管教的重點，從來不是父母說話的方式是嚴厲或溫柔、父母的處置是重打十大板或輕輕放過、孩子知不知道怕了？下次還敢不敢？管教的真正目的在於，建立孩子判斷是非的界線，明白什麼該做、什麼不該做。

黑臉與白臉共同製造出來的情緒張力，或許能讓孩子對事件留下深刻的印象，比較容易記取教訓，但與其讓孩子記得「那次做錯事被罵得有多慘」，不如教孩子學會「為什麼那件事不該做」。

我常覺得，孩子製造的混亂其實是在衝擊父母本身的價值觀，許多事情不是非黑即白，其中模糊的界線，有時連大人自己都不曉得該如何制定標準和原則。例如兩歲小孩拿著奇異筆亂畫家裡的牆壁；三歲小孩故意把碗裡不想吃的蔬菜掉在地板上，卻推說自己是不小心的；五歲小孩遇到常碰面的鄰居，卻不願意打招呼問好；七歲孩子動手推了妹妹一把，因為妹妹撕壞了她的課本……。

上述這些都是我們家孩子曾經出給我的狀況題，對我來說實在比數學微積分更難解。這也不是黑臉凶一頓、白臉抱一下就可以過去的事，我還是必須回到管教的初衷——讓孩子明白是非標準的界線在哪裡。

我這才發現，另一半最重要的功能不是扮黑臉，而是和我一起商議、討論，共同制定出屬於「我們家」的標準與價值觀。

現在，缺了那一半的我只能向外求援，嘗試向前輩媽媽們求助。我參加了幾個親子社團，每當遇到管教上的問題，就會在社團中徵求其他家長的經驗分享，也會特別請教爸爸們的意見，希望藉由爸爸的角度，讓我的教養觀念不過於主觀或偏頗。

有人能夠商量、提供明智的意見，這對我來說有極大的幫助，讓我在面對孩子頻頻出招時，第一反應不是急著發火，而是先搬救兵，在我的家長群組同溫層中獲得精神上的支持、知識上的補給。

等我擬定好「我們家的是非標準」後，就能和顏悅色的告訴犯錯的孩子：「你這裡做錯了，要這樣處罰，處罰的目的是為了讓你記住這些守則……。」

我不用扮黑臉，也不用扮白臉，只需要盯著孩子的臉。但願我的碎唸和管教，留在孩子記憶裡的，不是只有情緒，更要「使他走當行的道，就是到老他也不偏離」。

單親媽媽教出來的兒子都是「媽寶」？

中國大陸有個綜藝節目，專門替人評鑑結婚對象。其中一集，評審團中有位大媽，一聽到男主角來自單親家庭，就極力鼓吹女主角不要和這個男孩交往，她說：「單親的媽媽都會死巴著孩子不放，把媳婦當成介入她和兒子之間的小三，女孩子嫁到這種家庭，一定會很辛苦！」

雖然這是一般人對單親家庭的偏見，不能夠以偏概全，但不可否認的是，許多來自單親家庭的男生，都會把照顧媽媽視為自己的責任，母子之間的聯結，還真不是普通緊密！

結婚前，我也曾遇過一個約會對象，對方第一次見面就跟我說：「我在單親家庭長大，我媽媽一個人辛苦的養育我長大，所以我結婚後，一定要跟我媽媽住在一起。」

那時我心想：這麼巧，我也是耶！但是很少有女兒會說：「因為我家是單親，我媽媽一個人，所以我結婚後要跟媽媽住在一起。」在華人的觀念裡，女兒結婚後離開家，另外建立自己的家庭，是天經地義的事，不應該再跟媽媽黏上一輩子，但兒子們卻都可以理直氣壯的說：「我要跟我媽住在一起！」

是因為兒子比較孝順的關係嗎？這一點，想必沒有一個女兒會認同。

我觀察身邊一些養育兒子的單親媽媽，或許是異性相吸的天性使然，養育兒子的媽媽和養育女兒的媽媽，最明顯的不同就是：若女兒表現好，媽媽會用欣賞的角度去誇讚女兒，覺得：「她真棒！她好可愛！」但若兒子表現好，媽媽除了讚賞之外，還會參雜著一份「他是我兒子」的驕傲。

我跟育有一子一女的好友聊起這事，她說：「對啊！我也不曉得為什麼，兒子和女兒在我心目中都一樣重要，但是對兒子，我就是會有一份『以兒子為榮』的情結，很想沾沾兒子的光！」

正是這種「以兒子為榮」的心態，讓媽媽把重心放在兒子身上，覺得「兒子成就高，我與有榮焉」、「兒子的成功就是我的成功」。有些單親媽媽自己縮衣節食，卻讓兒子從小穿名牌服飾、打扮帥氣、學習各種才藝。當兒子長大後，理所當然成了媽媽的男伴；媽媽更加喜歡在人前「展現」兒子的優點，享受別人讚賞和羨慕的眼光，兒子的體面，彷彿為她破碎的婚姻扳回了一城。

不要把未來寄託在孩子身上

我媽媽有位貴婦好友，跟我一樣很年輕就喪偶，自己拉拔兒子長大。每回見到這位阿姨，她三句總不離兒子，我從來不曉得她近況如何，但她兒子考上什麼學校、拿到博士學位、進入頂尖跨國大企業……我總能即時收到消息。

她的兒子相貌堂堂，年紀輕輕就當上跨國金融集團的副總裁，買了間豪宅送給媽媽，但是卻一直沒有結婚。據說，他交往的每一個對象，他媽媽都不滿意。世事難料，或許是因為家族的遺傳疾病，這位優秀的兒子跟他早逝的父親一樣，不到五十歲就因心肌梗塞而猝死。這位阿姨受不了打擊，兒子死後，她就從豪宅搬進了精神病院。

母愛驅使媽媽為孩子而活，把孩子視為自己人生中的最大慰藉，但若因此把兒子養成「小男朋友」或「媽寶」，非但害了兒子，也可能會苦了自己。

我見過另外一位單親媽媽，她用截然不同的方式養育孩子。她先生因為外遇離家，她獨自撫養唯一的兒子，多少孤寂的深夜裡，她的眼淚沾溼了枕頭，但卻不把希望寄託在兒子身上。

她帶著兒子上教會，讓他可以接觸到其他男性長輩，也接受男性牧師的教導和帶領；她自己也在教會中找到生活重心，漸漸走出了離婚的傷痛。

兒子長大後遇到喜歡的對象，準備要結婚了，她為了不讓兒子牽掛，也希望兒子的婚姻美滿，在媳婦進門後，她主動加入教會的宣教團隊，到美國服務兩年，幫忙照顧留學生。

她是我見過最偉大也最有智慧的媽媽，每次和她交談，我都覺得如沐春風。她臉上總是掛著幸福的笑容，讓人完全看不出她其實吃過很多苦，我也以她為榜樣，期許自己能成為這樣的單親媽媽。

我覺得比起教養女兒，教養兒子更加不容易。每次看到其他媽媽快被兒子搞瘋，我只能一邊用同情的眼神看著她，一邊慶幸還好我們家都是女兒。

「男人」這種生物無論幾歲，都是我們女人很難理解的。單親媽媽養育兒子，絕對比我養育女兒更傷腦筋。更難的是，被折騰二、三十年後，還得把寶貝兒子交到別的女人手上，讓媳婦去享受你辛苦耕耘、栽種出來的成果。

母親的偉大正在於此。因為愛孩子，當孩子長大了，就要捨得把他踢出家門。父母有責任要養育孩子長大，但是孩子沒有義務要負責父母的後半生。學習獨立，是孩子必備的生存之道，更是父母需要學習的課題。

孩子對父母最好的回報，不是奉養父母到死為止，而是有一天他們也能成為好父母，教養自己的孩子；沒有孩子的，也能夠造福下一個世代，把我們投注在他們身上的愛，一代一代傳下去。

單親媽媽教出來的女兒都很強勢？

雄獅離開後，母獅步步為營。為了保護幼小的獅子，母獅只得壯大自己，把自己變得勇敢、堅強，練就一身比雄獅還剽悍的功夫。

在這種環境下長大的小母獅，從小看著母親獨自撐起家中的一片天，當然也會有樣學樣，巾幗不讓鬚眉，把自己變得比雄性更強。

童年經驗影響，對男性滿懷敵意

強勢，是許多跟著母親、在單親家庭長大的女生共同的特質。和爸爸關係的疏離，讓女兒失去了撒嬌的對象，也必須在身上多裝幾根刺，用來保護自己，家裡的粗重活，女兒當然也得學著做，因為若不自己做，要等誰來做？

因此，我從十幾歲開始，就學會爬上梯子換電燈泡、搬動大型家具、通馬桶、刷油漆……養成了凡事靠自己的習慣。結婚後，我先生曾經為此感到受傷，向我抱怨說：「你有什麼需要，為什麼不來找我幫忙？」我才察覺到，原來這些對大多數女生來說，是件「需要別人幫忙」的事。

不會撒嬌、不想求救、不願示弱，這是我性格中很大的缺陷，也讓我在和另一半相處時，經常刺傷對方而不自知。

記得有一次，我和我先生為了某件事各執己見，爭論不休。正當我們一來一往，吵得不可開交時，他很難過的跟我說：「我是你的丈夫，為什麼你要用那種不屑的眼神看著我？」

「我沒有不屑啊！」我解釋：「我只是不認同你的意見而已。」

「不，你的眼神給人的感受，就是『不屑』。」

事後，我反思自己當時的態度，必須承認我的姿態、語氣，還有我的思想中，的確帶著一些鄙視的意味，但那並不是針對我先生，而是針對所有的男性。

生長在單親家庭中的我，從小就被灌輸這樣的思想：「男人不可靠」、「男人總是說的比做的多」、「男人都很不負責任」、「千萬不能相信男人」等，這些話或許不是從大人口中聽來，而是我自己觀察上一代的感情狀況得出的結論。不知不覺，這些想法成為我在感情中根深柢固的信念，加上現在社會女權崛起，講求男女平等，我更在乎自己是否能夠和男人平起平坐。明明男人和女人對家庭、社會的貢獻都是一樣多，為什麼我要對男人畢恭畢敬？

一旦我感覺自己被攻擊，防禦機制被啟動了，就會展現出「大女人主義」的驕傲和霸氣，對男人滿懷敵意，而自己卻不知不覺。

這種對異性的偏見，讓我的感情路走得非常辛苦和坎坷。我對異性充滿不信任感，選擇對象對我來說，不過是「從一堆爛蘋果中挑一個比較不爛的」，對方在我眼裡，終究還是一顆爛蘋果。我經常把眼光聚焦在另一半的缺點上，若他有一點風吹草動，或是出爾反爾讓我失望，都會激起我內心的不安全感，讓我再一次印證：「看吧！我早就知道，男人就是這麼靠不住！」

從客觀的角度來分析，我先生已經算是優秀、正直、負責任的男性，但是在他面前，我就是無法表現出「小女人」的樣子。我打從心裡愛他，覺得他是一個很棒的男人，但是他卻絲毫感受不到我對他的肯定和支持。

直到我的大女兒希希兩、三歲時，已經很會說話的她，經常毫不保留的摟著爸爸的脖子，說：「爸爸，我愛你。」每次爸爸幫她修理好玩具，她都會興奮的拍手，說：「爸爸好棒！」爸爸帶她出去玩，她玩得很開心，就會主動跟爸爸說：「爸爸，你下次再帶我來，好不好？」

希希和父親的相處方式，某方面填補了我童年的遺憾，那種和父親之間親密、信任的關係，是我從來不曾擁有過的。我也透過希希的眼光，看見我先生好的一面，放大他的優點，並且學習不吝嗇的給予讚美，雖然那對我來說，簡直像是被剝了一層皮！

尊敬異性，不等於矮對方一截

單親媽媽帶大的女孩，很知道要如何防範男性，卻不太懂得如何敬重男性。以前我認為，尊敬男性就是要把自己的姿態放低，這種諂媚、做作的事，我才不屑去做呢！後來我才明白，所謂「尊敬」，不代表我比對方矮一截，而是要去肯定對方的付出，讓對方感覺自己是重要的、有價值的。即使我不認同對方的想法，也不要急著反駁，因為他的想法跟我不同，不表示我的想法一定是對的。

女孩要先學會敬重異性，才能夠判別在一堆蘋果裡，哪些是少數真正的好蘋果，也才能拿捏好男女相處的界線，用健康的態度來經營自己的感情。

現在的孩子都很早熟，希希上了小學二年級，也開始「為情所困」。有一晚，她跑來我的床上，躺在我旁邊，很害羞的跟我說：「媽媽，我有煩惱……我們班上有兩個男生，一個常常會講笑話給我聽，一個會請我吃零食，這兩個男生我都很喜歡，但我不確定要跟哪一個結婚耶！」

當下，我忍住笑意，乘機跟希希談兩性的情感教育。我跟她說：「不管你想跟誰結婚，媽媽都會支持你；但是媽媽建議，你結婚的對象，一定要是一個值得你尊敬的人。」

希希問：「什麼是尊敬？」

我回答：「就是他身上有很多很棒的品格，像是上課不遲到、有禮貌、不說謊、對人不會凶巴巴、經常幫助別人……品格好的人，就會讓人尊敬，大家都會想要跟他當好朋友。」

希希沉思了一會兒，說：「那我還是先不要跟他們結婚好了。」

有一種畫面，經常會讓我感動又感傷。當我看見某個爸爸充滿自信的說：「以後我女兒的丈夫，一定得比我強才行！」或是對著女兒的男朋友說：「小夥子，你想娶我女兒，得先過我這一關！」都會讓我情不自禁的紅了眼眶。

如果我先生還在世，他應該也會成為這種愛女兒入骨的鐵甲爸爸。爸爸的保護，就如同在女兒的情感世界，蓋上一層隱形的安全網，讓女兒在挑選對象時有比較高的參考值，也滿足女孩被異性欣賞、疼愛的需求。女孩若知道自己是爸爸的寶貝，自然不會讓自己在感情上太受委屈。

少了爸爸的保護罩、在單親家庭長大的女孩，婚姻不幸福的比例，在統計上的確是比較高。與其教導女兒「男人都很壞」，不如為女兒描繪出「好男人」的樣貌，讓她學會的不是批評異性，而是如何尊敬異性，特別是當她獨立能幹、生活完全不需要依靠男人時，仍然要給予男性他們所需要的尊敬。

我在原生家庭中，沒有人教過我這些事，現在，我要帶著三個女兒一起學，不要讓上一代的苦，成為下一代的毒。

放下成見，學習去尊敬、欣賞每一個人，是一種寬容、柔和、謙卑的品格，更是一種圓融的智慧和修養。我不能保證我的女兒們未來婚姻是否會幸福，但我相信，這樣的人，絕對更有能力去開創自己的幸福。

該如何向孩子提起「缺席的父親」？

「該如何向孩子提起爸爸？」這是單親媽媽社群中，經常被熱烈討論的話題。許多未婚生子，或是離婚、與孩子的爸爸失聯的單親媽媽，都不曉得要如何跟孩子解釋。

「爸爸」在一些單親家庭中，甚至成為禁忌的話題，大人常用「小孩子不懂事，不要問」這句話來搪塞，壓抑孩子渴望父愛的心。

然而，小孩子真的不懂事嗎？究竟幾歲的孩子，才會開始找爸爸呢？

父母是孩子一生的追尋

我先生過世時，老二才一歲十個月大，還只會發出幾個常用的疊字。她等不到爸爸回家，問我：「爸爸呢？」我告訴她：「爸爸在天上。」她不明白「爸爸在天上」是什麼意思，連續問了幾天後，就很少提到爸爸了。

我原以為不到兩歲的孩子，對爸爸的記憶應該很快就會被時間沖淡，我打算等孩子大概五歲，認知發展比較成熟時，再來帶著她們翻相簿，仔細認識自己的父親。

沒想到我先生過世一年多後，有一天，我帶老二去搭捷運，她突然指著手扶梯上的一位中年男性，興奮的說：「我看到爸爸了！」

我順著她指的方向望去，那位男士戴著一頂鴨舌帽、背著後背包，正是我先生從前慣常的裝扮。

老二此舉嚇了我一大跳！沒想到她竟然記得爸爸的樣子，而且那應該是她兩歲以前的記憶。我看著老二滿懷期待的眼神，一方面為她沒有忘記爸爸感到安慰，另外一方面，也為她對父親的思念感到心疼。

父母是孩子一生的追尋。每個人都有尋根的本能，想知道自己是從哪裡來、生命的起源是哪裡。沒有根的人，或許仍舊會長高、長壯，卻也比較容易一遇到意外就崩壞、坍塌。

以我們家的狀況來說，向孩子解釋「爸爸去哪裡了」並不難，向三歲孩子解釋「死亡是什麼」比較困難。

儘管我已經跟老二解釋過好幾遍：「爸爸死了，在天上，我們要等很久很久以後，才會再跟爸爸見面。」她還是很天真的問我：「那爸爸生日時，他會來我們家嗎？我們會吃蛋糕幫爸爸慶祝生日嗎？」時常把我弄得哭笑不得。

雖然看不見爸爸，但爸爸仍在我們的心裡，也在我們生活中，無論遇到好事或壞事，我們都會很自然的算他一份，就好像他還在一樣。但我想對於「父不詳」的單親孩子來說，提起爸爸可就沒這麼輕鬆了。每次想到孩子的爸爸，就等同在單親媽媽的傷口上撒鹽。

我認識一位單親媽媽，她戀上有婦之夫，意外懷孕後，男方擔心會被正宮發現，索性來個人間蒸發。

這位媽媽無奈的說：「我和孩子父親的感情，不合乎一般人的道德標準，孩子的爸爸也對我們這麼無情，如果我讓孩子知道殘酷的真相，他該有多傷心？我乾脆編個美麗謊言來解答孩子的疑惑，對孩子會不會比較好？」

她模仿電視劇常演的橋段，騙孩子爸爸在國外工作，每年孩子生日，她都會請代購業者從國外寄玩具給孩子，然後告訴孩子，這是爸爸送他的生日禮物。

幫助孩子勾勒出父親的樣貌

我把這狀況告訴心理師海恩，請教她這方法是否可行。

海恩向我說明：「孩子小的時候會相信，但是等孩子長大了，有一天發現真相，那對他的衝擊和傷害會更大。小孩是很敏銳的，誰愛他、誰不愛他，都可以感覺得到。如果你告訴他，爸爸很愛他，但是卻老是忙這個、忙那個，從來沒有來看過他，小孩其實都知道……。」

「那我們該怎麼向孩子說明『爸爸不見了』、『爸爸不要他』這樣的事？」我問海恩。

海恩回答：「我們可以委婉的、在孩子能接受的範圍內，跟他說實話，比如說：『爸爸還沒準備好要當爸爸，所以不跟我們一起住。』『爸爸和媽媽曾經很相愛，所以才有了你，但後來爸爸媽媽一直吵架，所以決定分開。』」

海恩分享一個重要的觀念，其實對孩子來說，重要的不是爸爸媽媽之間到底發生什麼事，他們比較想知道「爸爸是個什麼樣的人」。

也就是說，如果我們能多告訴孩子一點關於爸爸的事，並且給他具體的細節和線索，讓孩子想像時能有更多的素材可運用，孩子就可以在自己的心裡描繪出關於父親的形象，讓「爸爸」不再是懸在空中的一個問號，而是落在土裡、生根茁壯的美好缺憾。

想像力就是孩子的超能力！他能藉著在心中塑造出來的父親形象，填補現實中的欠缺，讓自己對親情的渴望獲得滿足和療癒。

「但若孩子的父親是個很糟、很糟的人呢？我恨死他了，只要一想到他，我的情緒就上來了。」曾經有位單親媽媽這麼問我。

這也讓我反思自己，為了在孩子心中建立正面的父親形象，每當我跟孩子提起爸爸時，都會刻意美化，把孩子的父親形容得像個超級大英雄。但孩子們想要知道的，真的是這些嗎？爸爸讀了多少書、賺了多少錢、工作上有什麼成就，在孩子的世界裡，這些東西重要嗎？

希希也常常想起爸爸，她搭手扶梯時，會模仿爸爸斜倚扶手的站姿，說：「爸爸搭手扶梯時都是這樣站的！」

她記得爸爸說過的笑話，也記得爸爸上館子用餐時必點小籠包，還記得爸爸不喝咖啡、喜歡吃水果、會游泳、跑得很快……。

小孩其實很難想像那位缺席的父親有多好或有多壞，他們需要的是擁有夠多的線索。能夠在心裡一點一滴勾勒出父親的樣貌，知道自己爸爸是什麼樣子，擁有哪些習慣和興趣，如此才能讓「爸爸」不只是一種抽象的稱謂，而是真實存在的一個人，也讓自己能顧所來徑，溯途尋根，更體悟自身存在的意義。

我常指著牆上的照片，
告訴三寶妹那是爸爸。

03

單親給我的禮物

單親育兒之路，孤獨感如影隨形，
經常讓我們的快樂蒙上一層灰塵。
然而，儘管塵埃遮蓋了快樂的光采，快樂仍舊存在啊！
少了旅伴的旅程縱使不完美，
但是沿途所見的瑰麗風光和精采奇遇，
足以讓我們不虛此行。

愛裡沒有懼怕

運動，一直是我的弱項。由於手腳不協調加上反應慢，幾乎沒有一個運動是我在行的。

三十歲那年，有感於身體代謝機能變慢，我想要建立運動的習慣，於是開始到家裡附近學校的游泳池游泳。我小學時曾經學過游泳，但是一直沒有練好換氣，後來學會「抬頭蛙式」的游法，游泳時把頭探到水面上，才靠著這招順利通過國中、高中的五十公尺游泳測驗。

我去游泳，一開始也只想用習慣的「抬頭蛙式」游，反正只要能達到運動效果就好。但在因緣際會下，我遇到一位熱心又專業的游泳教練，他說：「你這樣不叫游泳，根本享受不到游泳的樂趣，你想不想重新把游泳學好？」

我有點懷疑：「把游泳學好？我過去學過很多次都沒有成功，我的資質那麼差，怎麼可能游得好？」

「如果你用正確的方式學，一定能學好！」教練信心十足的對我說。他為我上的第一堂課叫「漂浮」。教練要我把手交給他，全身在水裡放輕鬆，任由他帶著我在水裡漂。

「等等，萬一我半路沒氣了，怎麼辦？我一碰到水就會緊張，怎麼可能放鬆啊？」我恐懼的對教練大呼小叫。

「你不用擔心，有我在，如果發生任何問題，我會救你！」教練的語氣平穩又堅定。

他拉著我來回在游泳池裡漂，一趟又一趟，總能在我快憋不住氣時，停下來讓我休息，調節好呼吸後再繼續。漸漸的，我愈來愈放鬆，克服了對水的恐懼。

三個月後，我學會了自由式游法，不僅能夠持續游超過五百公尺，還能放鬆自在的雙邊換氣，享受像人魚般與水交融的樂趣，很高興終於有一項運動，是我擅長的！

學游泳的經驗讓我知道，人如果想要突破限制，就要先戰勝內心的恐懼。在先生離世的第一個月，我曾陷入一陣恐慌，覺得：「家裡就只剩我一個大人了，以後就由我來當家，責任重大啊！」

我在怕什麼？怕一個人很孤單、怕孩子發生任何問題我都得自己解決、怕錢不夠用、怕我萬一也出事，孩子怎麼辦……。

然而，我知道自己無法把大山挪移，就算能把面前的小丘剷平，一山還有一山高，永遠都會有其他令我擔憂的事。我該做的，就是先學習「放鬆」，不要急著一下子就要游到對岸，也不奢求學會漂亮的泳技，只要練習好在水中保持放鬆，這樣，就算水深足以滅頂，我也能漂浮在水面上。

在恐懼的事物面前，放鬆談何容易？除非，你知道有一位經驗豐富的教練正在保護你、帶領你，發生什麼問題，他會「罩」你；否則，光靠正向思考或自我催眠的力量，心情難免會上上下下、載浮載沉，很難真的安定下來。

放鬆，才能走更長遠的路

學游泳，遇到好的教練讓我事半功倍；在育兒的事上，我則是選擇讓上帝做我的教練。

我最容易感到緊張的時刻，就是自己一個人帶著三個孩子出門的時候。有些巷道很窄，車流卻很多，我擔心孩子會不小心和車子發生擦撞；每次帶三個孩子去公園玩，我的心也會一直懸在半空中，擔心她們蹦蹦跳跳，不小心會受傷。當我感覺自己太過緊繃時，就會告訴自己：「別擔心，有上帝在，萬一出了什麼事，上帝總會有辦法的。」我也時時提醒自己：「真的出事了再說吧！用不著自己嚇自己。」

我相信：「放鬆，才能走更長遠的路。」

在最令人憂心的家庭經濟上，我也必須不斷戰勝對於「缺乏」的恐懼。我向上帝禱告：「既然祢對我的計畫，是讓我當個單親媽媽，那我就相信祢會幫助我，跟我一起把三個孩子養大。我要花時間照顧孩子，沒有太多時間工作，不能把案子做到一百分，也沒有精力去開發客源，請祢當我的經紀人，供應我足夠的案子，也讓我的作品能夠令客戶滿意。」至今，每個月都有廣告客戶主動找我合作，許多舊客戶也為我介紹新客戶，讓我在工作上大可「放鬆」，因為我有一位「王牌經紀人」在罩我！

看腳下，覺得好恐怖；唯有向前、向上看，才能有信心。這也是我最近剛學會的功課。我不只不會運動，連大多數人都會騎的腳踏車也不會騎。

希希六歲時學會了騎腳踏車，有時，她會要求我帶她去騎腳踏車。我看著她愈騎愈好、愈騎愈遠，不禁想到：「如果有一天我們家三個孩子長大了，她們想去河濱公園騎腳踏車，但我卻不能陪她們騎，不能沿路保護她們，怎麼辦？」所以，我只好撐著近四十歲的老骨頭來學騎腳踏車。

為什麼我小時候學過騎腳踏車，卻學不會呢？說穿了，就是因為怕摔跤！

學騎車和學游泳一樣，第一步要先克服恐懼。在教練的指導下，我找了一台車身較低的腳踏車來學，萬一腳踏車快要倒了，我的腳可以撐住地面，這樣就不會摔跤了。

克服了對摔跤的恐懼後，第二步要來練習平衡。自認沒有平衡感，連走路都會因為左腳絆到右腳而跌倒的我，在烈日下整整練了兩天，才終於學會在車子向前行進時保持平衡。

我發現，當我看著前方的地板，很容易就會東倒西歪；但是當我抬頭望向二十公尺外的樹梢，就能夠維持平衡。

雖然我的腳踏車還沒有練得很好，但我相信總有一天，我會帶著孩子在河堤愜意的騎單車，享受微風輕拂。所以，我不需要去在意腳前的路是否平坦，而要專心仰望前方的目的地，讓那幅美麗的藍圖激勵我。當我心中充滿對孩子的愛，愛會讓恐懼消逝，愛裡沒有懼怕。

單親媽媽沒有另一半可以依賴，只剩下我一個人，遇到問題也不能耍賴，因此，我只能選擇勇敢。即使每天都要面對不同的挑戰，媽媽有操不完的心、受不完的累，但是媽媽沒有在怕！

享受吧！一個人的風景

必須承認，有些時候，單親的身分讓我在群體中感到格格不入。和單身者在一起，他們沒有孩子的牽絆，可以用旅遊、美食、進修等，讓自己的生活更豐富；不像我們，一開口就是「媽媽經」，有了孩子，單親和單身之間，簡直就是天與地的差別。

換做和其他媽媽們在一起，一群已婚婦女的話題，通常都離不開先生和孩子。別人可以抱怨先生經常太晚下班、對孩子太凶，或是分享夫妻吵架的引爆點，而我呢？一句話也插不上。

我們是單身者，卻多了孩子；我們是媽媽，卻少了另一半。矛盾的身分、曲折的心情，旁人很難理解；就連我自己，過去也很少花時間細察自己的內心。

按時清理心裡的石頭

儘管在人群中，我可以若無其事的談笑風生，但在我心裡的某一個房間，卻是房門深鎖，不曾向人敞開，那個房間，叫做「孤獨」。我不想向人解釋我的孤獨，打開房門供人參觀，因為我害怕房間的門一旦開啟，我就會被排山倒海的孤獨感給淹沒。但是另外一方面，我又好希望有人能夠理解我的孤獨感；因為，只要有人能夠了解，我就不再孤單。

每到情人節、農曆春節，當社群平台上晒出一張張恩愛放閃的照片時，我很難忽視「我沒有另一半」、「我們家不完整」的事實。每當碰到孩子生日，我總會覺得那一天的日子特別漫長，即使我的家人都會和我一起為孩子慶生，但是我知道，這世上再也沒有另一個人會跟我有相同的感動，再也沒有另一個人能夠像孩子的爸爸，跟我一起細數從懷孕到看見孩子的第一眼、第一個擁抱、第一次幫孩子換尿布、孩子說的第一句話、孩子成長的一點一滴……。

那些珍貴的回憶，我仍歷歷在目，卻是屬於我一個人的回憶。對我而言，那是世上最美的風景，卻沒有人可以跟我同享。

我問心理師海恩，要怎麼排解這份孤獨感？

海恩如此告訴我：「就是去承認它的存在，承認自己覺得孤單、失落，把這些感覺從心裡拿出來，去審視它，不要讓它隱藏在你的心裡，這就是心理學所謂的『外化』。」

我試了又試，當這些感覺像一顆顆石頭，不時從我的心裡生出時，我就把這些石頭從心裡掏出來，正視它們，然後把它們丟掉，或是放到另外一個地方暫時存放著，不讓這些石頭卡住我的心。

我承認，有時我會感到孤單，但其實，我也一直都被愛包圍著。

我知道，一年三百六十五天，總有幾天會讓我覺得不好過，但其他三百多個日子，我都會好好過。我會失落，會悲傷，會羨慕別人，甚至會嫉妒別人擁有美滿的婚姻，但是當我真實面對自己的心理狀態後，也很快就能釋懷了。

我用海恩教我的方法，每天花一點時間，處理堆在心裡的小石頭，一段時間後，我已經養成按時清理石頭的習慣。我在人群裡，仍然偶爾會感到孤獨，但是那份孤獨通常只會維持幾秒鐘，一旦我注意到它的存在，就消失不見了。

面對孤單，讓自己更堅強

在我們家老三的兩歲生日當天，我帶著兩個姊姊買生日禮物送給妹妹，邀請親戚一同為老三慶生，大家歡喜的圍著壽星唱生日快樂歌，過了很愉快的一晚。

送孩子們上床後，家裡一片寂靜，和幾小時前的熱鬧形成巨大對比，不意外的，一陣熟悉的孤獨感又來拜訪我。

我一個人待在黑暗的客廳，不禁想到，如果孩子的爸爸還在，我們應該會有這樣的對話：「你記不記得三寶妹剛出生時，哭聲好像一隻小貓咪？」「她在我肚子裡時，都不太動，我們還猜想她一定是三個孩子當中最文靜的一個，沒想到現在這麼好動又調皮！」「她這麼急性子，一定是像你……。」

這些細微的生活情境、不足為外人道的瑣事，我曉得再也沒有人可以訴說了。那麼，就讓我的心默然無聲吧！

不要去和孤獨感對話，也不要把它埋在心裡。我任由孤單的感覺隨著眼淚流瀉出去，然後擦乾眼淚，感覺自己又更強壯了一些。

單親育兒之路，孤獨感如影隨形，經常讓我們的快樂蒙上一層灰塵。然而，儘管塵埃遮蓋了快樂的光采，快樂仍舊存在啊！少了旅伴的旅程縱使不完美，但是沿途所見的瑰麗風光和精采奇遇，足以讓我們不虛此行。

我們家老三剛滿兩歲，突然一夜長大，說話能力大躍進。生日後的隔天，她一早就在客廳玩玩具，見到我從陽台抱著晒好的衣物來到她身邊，就望著我說：

「媽媽陪我玩。」

這是她第一次說出這麼長且發音清楚的句子，我抱著她，心裡感到無比的滿足。雖然我一個人的育兒之路有點孤單，卻有更多數不完的驚喜。

更何況，孤單並不是單親媽媽才會有的感受。相較於某些婚姻中那份令人窒息的寂寞、感情變質腐敗所散發的臭味，單親的孤寂，顯得多麼溫柔而清香。

我的時間只夠用來想正面的事情

常常有人問我：「你本來就是個樂觀的人嗎？為什麼你的遭遇很悲慘，看起來卻很快樂？你是不是在人前強顏歡笑，背地裡卻躲起來偷哭？」

我總是這麼回答：「我也很想躲起來偷哭，但是我連哭的時間都沒有。」

相較於和獨生子女相依為命的單親媽媽，我實在太幸運了！我有三個孩子要照顧，必須付出三倍的心力，每天繞著孩子團團轉；孩子睡了，我也累了，傷心難過、感懷身世的戲碼，就留到睡醒之後再說吧！

忙碌，是我最好的療癒方式。時間能沖淡一切傷痛，一轉眼，我已熬過最艱難的單親第一年；一轉身，也順利度過第二年，我知道我能一直這麼過下去……。

育兒時光每天都在倒數計時

「時間不夠用。」這句話指的不只是我日常生活、一天當中的二十四小時，也是指我的一生。

人的一生，究竟能夠擁有多少時間？我不曉得。我先生在世時，有時我過膩了每天餵奶、幫孩子擦大便、洗屁股的生活，想到做不完的家事和倒不完的垃圾，偶爾還要看大老爺的臉色……總會感嘆：「人生真漫長，這種日子究竟還要過到什麼時候？」當時我以為，我們的人生還很長。

我先生過世時才四十五歲，從確診癌末到離世，僅有不到一年的時間。若是我的人生也只剩下一年，我還會覺得整天餵奶、擦大便、洗屁股的生活好乏味嗎？我還會埋怨小孩好吵、總是黏著我要我抱、我要工作又要照顧孩子，快要被榨乾了嗎？

不，如果我看見人生的終點就在眼前，我會覺得這樣的日子，每一天都是上帝給我的禮物。有多少人沒機會看見自己的孩子長大，也有許多父母沒辦法陪在自己的孩子身邊。如此，我又有什麼好抱怨的呢？

更何況，就算我可以平平安安活到老，我的育兒時光仍然每天在倒數計時中。現在每天接送孩子上下學，雖然有點疲勞轟炸，但是等到孩子大了，她們幾點回家，或許就輪不到我管了。

現在，我經常要一手抱著老三，一手拿鍋鏟炒菜，還要一邊打開耳朵，回答大女兒考我的「腦筋急轉彎」題目，精神和體力總是超載。但是，再過幾年，孩子們會愈來愈少在家吃飯，回家也不見得會跟我講話，到了那時候，我肯定會懷念現在這份甜蜜的負擔！

養育孩子雖然辛苦，但這樣的日子卻是「過一天，少一天」。

當我感覺自己快要無法負荷時，就會把時間快轉到一年後，想像那時孩子們都大了一歲：老大上了三年級，一個禮拜有三天都是上全天課；老二五歲了，情緒更穩定，不會老是躺在地上哭；老三三歲了，不用再包尿布、坐推車，吃飯也不會掉滿地……到時，我的人生會有多麼寬闊、美好啊！

「我不會永遠都這麼辛苦，只要再撐一下下就好！」這樣的想法總是能讓我打起精神、繼續堅持，不知不覺就撐過去了。

為負面情緒設下停損點

媽媽不是神力女超人，我們只是在育兒跑道上，不斷催眠自己的馬拉松選手。

撰寫此文的當下對我來說並不好過。這週因為業務端的疏失，我失去了長期合作的重要廣告客戶；此外，我在網路商店買東西，結帳時不小心打錯商品的數量，一件變成十件！荷包大失血！

倒楣的事還沒完，今天準備晚餐時，我想從冰箱門的蛋架上拿雞蛋，手一滑，意外打翻了放在蛋架旁、用來除臭的咖啡渣，大量的咖啡粉末不只撒在廚房地板上，還撒在冰箱門縫「每一層」的溝槽上，讓我足足清理了半個多小時。當然，在清理的過程中，我不知道對著圍在身邊看熱鬧的孩子們吼叫了多少次。

還有，我的牙齒已經痛了一個禮拜，都還抽不出時間去看醫生，只能先吃點止痛藥擋一下；想到再過幾天就是我先生的忌日，頓時覺得我的人生真是慘到最高點了！

還好媽媽有練過……這個時候，千萬別把焦點放在眼前。我試著把人生的時間軸往後移，想想若是十年後，我還會在意現在這些挫折嗎？

我想十年後，這些事對我來說，只會是笑話一則吧！那麼，我又何必為了十年後的笑話，犧牲了此時此刻的快樂呢？從遠處往回看，視野變得寬廣，煩惱也跟著縮小和模糊。

人生很短，所以活著的每一天都值得好好歡慶；人生很長，所以再難過的日子也都會過去。這樣的想法往往能讓我在跌落情緒低谷時，為自己設好停損點。

一宿雖有哭泣，早晨必要歡呼。

若是這樣還沒辦法驅走負面情緒，如果還有時間，就再來一杯珍珠奶茶吧！

單親生活雖然辛苦，沿途風景卻壯闊絕美。

孩子是寄居二十年的客人

我的家族中有一位姨婆，看著我從小長大，非常疼愛我。當她知道我成為單親媽媽時，心疼的握著我的手，對我說：「我當年看著你媽媽一個人把兩個孩子拉拔長大，我覺得她已經夠苦了；現在你要一個人帶三個孩子，孩子們都還那麼小，換做是我，光用想的就覺得腳軟了……。」

一個人帶三個孩子，壓力很大嗎？的確，有時想到孩子未來的教育費、青春期的叛逆、未來擇偶……我的白頭髮都要多出好幾根。我深知，孩子的明天不是我所能預料，就連今天，也未必是我能夠掌握。孩子能夠一天天平安成長，並非是我一個人的功勞，還得靠上帝保佑。

有件事我每次想起來，都還會感到心有餘悸……。

孩子有屬於自己的命運

某個學期的最後一天，我們家老二從幼兒園帶回一條橡皮筋繩，那是她在班上和同學一起做的。原來她在學校發明了新遊戲，把長長一條橡皮筋繩圈在四、五位小朋友的腰部，當做「小火車」，大家一起拉著繩子「開火車去旅行」，所以到了學期末，老師讓她把橡皮筋繩帶回家做紀念。

老二一回到家，就興沖沖和姊姊、妹妹一起拉著繩子「開火車」，我看她們三姊妹玩得正起勁，就利用時間到陽台晾衣服。大姊玩了一會兒就不玩了，留下老二和一歲多的老三在客廳繼續玩。

不一會兒，我聽到老二大叫：「媽媽，妹妹把我的脖子弄得很痛！」我猜想是姊妹之間的嬉鬧，應該沒什麼大不了，於是晾完衣服後，才從陽台走到客廳去看個究竟。一看不得了！老三竟然用橡皮筋繩纏住了二姊的脖子，使勁的拉……當下，我整顆心都揪在一起了！

當然，這條橡皮筋繩逃不了「被媽媽沒收」的下場。我平復好自己的情緒後，把三個孩子都訓斥了一頓。但我沒有對她們太凶，因為比起驚嚇和憤怒，我更加感覺到無力和無奈。她們都已經很努力當個聽話的乖孩子了，不是嗎？我也已經很努力想要保護好她們了，不是嗎？我們都已經努力做到最好了，但卻永遠都不夠……。

忽然我明白，我沒辦法有三頭六臂，也不可能有另一個分身來幫忙我照顧孩子。就算我自怨自艾：「別人都有老公，我卻必須獨自一人把孩子帶大！」這也無濟於事。我唯一能做的，就是學習放手。

我可以盡可能給予孩子愛和擁抱，供應她們生活一切所需，把我所擁有的、所知道的，都傳承給她們。但是孩子終究不在我的掌控之中。無論我多麼用心保護，想把孩子都藏在我的羽翼下，她們還是有她們自己的命運。即使我為她們鋪好前方的道路，希望她們少吃一點苦，她們仍有權利選擇另外一條路，甚至有權利對我說：「媽媽，前面的路我要自己走，請不要一直跟著我。」

把握陪伴孩子成長的時間

放手，是母親對孩子最煎熬也最深情的考驗。

幾年前有部紅極一時的戲劇，叫做《你的孩子不是你的孩子》，談的是父母把自己的期許強加在孩子身上，送孩子讀私校，寄望孩子將來能找到好工作，擁有大好人生，卻壓抑了孩子真正的性格和夢想。

雖然不是每個父母都對孩子的課業有那麼高的要求，但我們在養育孩子時，總免不了會加上一些自己的期待，希望孩子會跳舞、懂音樂、在舞台上表現得落落大方、說一口流利的外語……。

尤其是單親媽媽，更容易把自己失落的夢想加諸孩子身上。直白一點來說，我們都已經沒有老公了，怎能容許孩子再有一點閃失？

一般媽媽想到自己的老後人生，腦海中可能會浮現老夫老妻牽手散步的畫面，但是單親媽媽除了孩子，還有什麼能冀望的？對許多單親媽媽來說，孩子不只是她們的精神支柱，更是她們活下去的理由。要我們放手，讓孩子自己去飛，相信生命會自行找到出路，這談何容易？

我教會的牧師經常訓誡我們這些年輕父母，不要試圖去掌控自己的孩子，他說：「孩子上了幼兒園以後，他就不是父母的了！他會有自己的思想、喜好，父母想管都管不住。」牧師還說，生命來自於上帝，每個孩子都是上帝的，只是交給爸媽託管，孩子的未來在上帝手中。

這樣的觀念誠然扎痛了父母的心，但也幫助我減輕不少壓力。我把孩子當成在家裡「寄居二十年的客人」，在她們二十歲之前，我盡我的能力款待、供應她們，並承擔管教和養育的責任，讓她們的身心靈都能健康發展；等到孩子成年以後，他是他，我是我，我們可以很相愛，但大家都是獨立的個體，無須互相牽絆。

上帝把孩子交給我託管二十年，孩子不是我的，是上帝的。這二十年當中，我一定會有疏忽、做不好的時候，但是這些小小的人為疏失，不會影響上帝對孩子的計畫，所以我大可以放輕鬆，與其為自己教養上的失誤感到自責，不如經常為孩子祝福、祈禱，求上帝用祂的恩典來彌補我的缺點。我不是孩子的上帝，我只是一個母親，我連自己的人生都已經搞不定了，又怎麼能夠主宰孩子的人生？

孩子也不是我人生的全部，「養育孩子」只是我這二十年的階段性任務。我不需要為孩子犧牲奉獻一輩子，而是盡量把握這二十年的時間，陪伴他們成長。二十年感覺很長，事實上一晃眼就過去了！這場養育孩子的馬拉松，無論你有沒有認真跑，都會到達終點；差別在於，你是用什麼心情來跑？沿途的風景，你又記住了多少？

曾經有位記者來採訪我，聽了我們家的故事後，她好心安慰我說：「你有三個女兒，老了以後一定會很幸福。」

我老了以後，孩子們會在哪裡？其實我從未想過。我期待二十年後送走了這三位嬌客，能夠拾回自己夢寐以求的清閒生活。

我也珍惜著此刻，她們三人圍繞著我，三張嘴同時跟我說話，盡情轟炸我的耳朵和腦神經，不用等老後，我現在就已經感到無與倫比的幸福。

三寶妹長大了，三個孩子終於可以玩在一起了。

翻新幸福的定義

人人都想追求幸福，但是，幸福是什麼？

去年秋天，我帶著孩子到信義區豪宅附近的特色公園玩，遇到一位在台灣相當有名的女明星，她也正在公園陪女兒玩。

四十多歲的她，穿著一件粉紅色的T恤，皮膚和身材都保養得很好，看上去像是一位二十歲的少女。同樣都是在公園遛小孩，我不時對著孩子大吼大叫，發出警告：「小心一點！」「不要跑那麼快！」她卻是輕聲細語、一派優雅的和女兒講話。

她出道多年，在媒體上形象十分正面，可以說是一位「零負評」的藝人，不僅多才多藝、事業有成，和先生的感情也非常好。我猜，她應該就住在公園附近的豪宅裡，過著無憂無慮的幸福生活……。

和她擦肩而過的那一瞬間，我腦海裡閃過一個念頭：為什麼有些人，他們的人生可以一路順遂，有些人卻挑戰不斷、命途多舛？

我們兩個媽媽在同一座公園遛小孩，但是我和她的際遇卻是天差地遠，這讓我不禁有些感慨。

沒想到幾個月後，我從新聞網站上看到關於她的報導，她不幸罹患了重症，正在和病魔抗戰，可能需要好長一段時間才能恢復健康……。

現在，我們兩個比起來，究竟是誰比較幸福？

每個人都有屬於自己的幸福

我們經常會用定格的方式，去放大別人的幸福，在別人身上看見自己求之不得的好東西，因而產生羨慕、嫉妒、自卑、自憐等種種情緒。事實上，我們看見的只是片面，不是全貌。你不曉得一個看似擁有完美人生的人，下一刻會發生什麼事；也不清楚他此刻的幸福，是他從前吃過多少苦、付出了多少代價，好不容易才獲得的。

在這個新媒體時代，我們常被社群好友放閃、晒恩愛的照片，搞得自己心裡酸溜溜、很不是滋味，但若我們明白，每個人都有屬於自己的幸福，也都有量身訂做的挑戰和關卡，例如說，幸福人妻或許有一段滄桑的童年，豪門媳婦也有不為人知的辛酸血淚……每個人的人生都會有高山和低谷，即使有些人的人生一路平坦順遂，卻也少了酸苦辣的滋味，想到這裡，或許我們就不會去羨慕別人光鮮亮麗的那一面了。

媽媽要自己先體會到什麼是幸福，才能把這份幸福感傳遞給孩子。幸福不在於擁有哪些東西，而在於我們對幸福的感知能力。我們是否能在每天的日常瑣事中，捕捉那些一閃而逝的微小幸福，並且聚焦其上？我們是否能在別人巨大閃耀的光芒面前，仍珍視自己所擁有的小確幸？

專注此刻、當下的自己

希希上了小學之後，開始會和同學比較，有時候她會說：「我好羨慕其他同學有很厲害的新玩具，我也想要跟他一樣。」聽到這裡，我其實有些擔憂，若是她有天跟我說：「我好羨慕其他同學有爸爸……。」那時候，我該怎麼回應她？

因此，我希望從小就教導她「不要羨慕別人」的觀念。我告訴她：「你以後會遇到很多人，有的人功課很好，有的人家裡很有錢，你會很希望自己能夠跟他們一樣。但是你要記住，如果你想要變得跟他一樣，那你就要長得跟他一樣，你要住在他的家，不能住在我們家，你的媽媽也不是你的媽媽，你也不能天天跟妹妹一起玩了，而且，你可能就不能學鋼琴，要跟他一樣去踢足球囉！」我故意提到足球，因為希希跟我表示過她不喜歡這項運動。

希希聽了，立刻說：「哼，我才不要跟他一樣呢！」

我認為，與其教訓孩子「身在福中不知福」，不如明確向孩子點出「什麼是幸福」，引導孩子去察覺自己生命中有哪些無可取代、無法割捨的幸福，培養孩子「感受幸福」的能力。

在屏除外來的雜音干擾，杜絕跟人比較的心態之後，我們也需要留一點空間給自己，花時間好好品味自己所擁有的幸福。

心理學上有個「此時此刻覺察自己（here and now）」的概念，鼓勵人們不思量過去的傷痛，也不著眼於未來的煩憂，專注在此時此刻、當下的自己。

不妨問問自己：「現在的你，好嗎？」透過這樣的整理與沉澱，舒展自己的內在空間，讓自己活得更坦然、更自在。

這是我最期待的時刻。一個禮拜當中總有幾個深夜，趁孩子都睡了，我獨坐在沙發上，啜飲一杯熱茶，欣賞窗外的明月清風，享受一段陪伴自己的時光。我知道，已經發生的憾事無法改變，還沒發生的煩惱也無法獲得解決，所以我只能把握此時此刻，用力感受當下的美好。

活在當下，並且找到自己。片刻安息，足以成為生命裡最深邃的幸福。

對愛情講究，不將就

不管時代怎麼演變，仍有不少人認為，只有婚姻才是女人幸福的歸宿。單身女性過了三十歲還沒結婚，就很難逃過身邊親友的關切，時不時就要問上幾句：「有沒有對象？」「怎麼還不結婚？」

我原以為結婚之後，再也不用回應這樣的問題，沒想到才恢復單身沒多久，身邊就開始有朋友關心我：「想不想再找個伴？」「孩子需要父愛，你要積極一點，趁還年輕，為自己再找個好對象吧！」

我的好友S在三年前離婚，獨自扶養一個兒子。S的前夫長期失業，又有家暴紀錄，她花了很多錢打官司，好不容易才從地獄般的婚姻裡解脫。

我心想在婚姻裡吃過苦頭的人，應該不會再對婚姻抱有浪漫的憧憬，沒想到最近和S碰面時，她說自己透過交友軟體，認識了一個很不錯的對象，兩人交往半年，決定年底要結婚。

「你確定嗎？經營婚姻不容易，你想清楚了嗎？」我擔心她只是一時被愛情沖昏頭，忍不住潑她冷水。

「你以為我們還是三十幾歲，男人排隊等著我們挑嗎？我今年都已經四十二歲了，要是不趁著還有點姿色，趕快把自己銷出去，再過幾年就快要奔五了。有哪個男人會想跟一個年近半百的大媽結婚啊？到了那時候，我們就真的要孤獨終老了。」

她反過來教訓我一頓：「如果你想要找個伴，就要趕快把握這幾年。可別以為自己還年輕，女人一旦過了四十歲，老化得很快啊！」

她說得沒錯，女人過了四十歲，在愛情市場上通常會被歸類成「骨董級」，陳舊卻昂貴，怎麼能跟二、三十歲那些閃亮耀眼、價值可期的鑽石相比？

然而，我對愛情始終抱著「講究，不將就」的信念。如果要再找個伴，我期盼是在「對的時間遇到對的人」，不是在青春倒數的警鐘下，在「過了這個村就沒那個店」的恐懼心理中，急急忙忙把自己交到另一個人手中。

更何況對單親媽媽來說，再婚不只是把自己交給另一半，也是把孩子都交到對方手上，要考慮的面向實在太多，怎麼能只因為「戀愛的感覺很好」、「兩人相處得很愉快」，就輕易訂下終身承諾？單親父母再婚，不只是大人之間的事，更是影響孩子一生的決定。

一般而言，再婚的夫妻或是再組合家庭（夫妻帶著各自的兒女，組合成新的家庭），都會比第一次結婚的夫妻遭遇更多挑戰。例如家族關係、經濟資源分配、孩子管教等，都可能是夫妻爭執的議題，處處考驗著兩人相愛的決心。

婚姻不是通往幸福唯一的路徑

以前我在高中任教時，曾遇過一位學生，她放學後經常不立刻回家，很喜歡跑來找我聊天。我了解她的家庭背景後，知道她現在的爸爸不是她的親生爸爸。她媽媽離婚後，為了想給她和弟弟一個完整的家庭，所以和她的繼父結婚。

沒想到結婚後，媽媽忙著幫開雜貨店的婆婆顧店，根本沒有時間管孩子。她還曾聽過媽媽和繼父為了錢而爭吵，繼父覺得媽媽帶著她和弟弟吃他們家的、住他們家的、學費也是他們家付的，憑什麼幫忙顧一下店，還有臉要求拿薪水？

她原以為媽媽結婚後，自己會有一個新爸爸、一個新家庭，但是現在，她卻感覺自己根本沒有家、沒有爸爸，甚至連媽媽都被搶走了……。

每當有人建議我再婚，我都會想到這個學生的故事。再婚究竟是多一個人來疼愛孩子？還是要把自己的愛分給更多人？

當然，我身邊也有不少再婚後，媽媽和孩子都過得很幸福的例子，但是我相信，真愛是可遇不可求的。年輕單身時，我曾想過，如果有一天我要結婚，那一定是遇到了我很愛、很愛的人。現在，我仍然認為，愛是結婚唯一的理由。

結婚不是為了要給孩子一個新爸爸、為了證明自己還有魅力，或是為了要彌補破裂家庭的缺憾，所以要重新建立一個圓滿的家。倘若婚姻是建立在這些基礎上，勢必也要付出相對的代價。

關於結婚這件事，我寧可回歸單純的原點，若是我還能再愛上一個人，我不會放棄去追求有人相惜相伴的幸福，但若這個人沒有出現，我也無所謂。

或許我會羨慕別人身邊有疼愛她的先生，或許我的孩子會羨慕其他同學有爸爸，上學有爸爸專車接送，出去玩累了，可以賴在爸爸的懷裡睡覺；但是我知道，沒有這些，我的孩子還是可以健康快樂的長大，我還是可以過一個人平靜自在的日子。

婚姻不是通往幸福唯一的路徑，單親又單身的我們，既可以享受甜蜜的親子關係，又不用背負婚姻中的許多責任義務。說不定，我們才是真正令人羨慕的一群人！

把餘生溫柔留給值得的人

在茫茫人海中，要遇到一個對的人，談何容易？對於曾經結過婚，又有孩子的我們來說，更是不容易。有些單親媽媽會因此降低選擇伴侶的條件，覺得自己在婚姻市場中彷彿矮人一截，哪有資格在那裡挑三揀四？

曾經有長輩想幫我介紹對象，跟我說：「某某先生條件不錯，又有愛心，應該可以接納你和你的孩子。」

什麼？我有沒有聽錯？有愛心、接納我，難道跟我結婚是在做慈善事業嗎？我忍住當面翻白眼的衝動，婉拒了這位長輩的好意。

誰說單親媽媽就一定是「被挑」、「被接納」的一方？在愛情面前，人人平等。真正懂愛的人，不會把我們過去的傷疤看做是缺陷，也不會把我們珍愛的孩子視為累贅。

或許是我自我感覺良好，我一點都不覺得自己現在的條件，比從前單身的時候差。差別在於，有了這些年的人生歷練，我識人能力比年輕時更好，挑選對象的眼光也更高，要遇到一個我能夠接受的伴侶，著實比以前更不容易。

如果說我以前挑選對象的標準是八十分，那麼，現在可能提高到九十分了。因為曾經深刻愛過、擁有過、失去過，我更明白：「現在我們在愛情中妥協了多少，將來我們就會在婚姻中懊悔多少。」

所以，我只想把餘生的溫柔，留給讓我百分之百傾心的某個人，除他以外，其餘的人，錯過了又有什麼可惜呢？

每個單親媽媽都值得被愛，因為走過創傷、失敗的歷程，我們比從前增添了忍耐、勇敢、智慧、通達等生命的果實。如果有機會再愛一次，不只是你的幸運，對方有幸和你及你的寶貝成為一家人，那也絕對是他賺到了！

趁出差工作時，帶著我珍愛的三個寶貝去旅行。

不只放下自己，還要放過自己

常常有人會跟我說：「媽媽，你一定要把自己照顧好，才能照顧好孩子啊！萬一你倒了，孩子怎麼辦？」

這道理我明白，卻不容易做到。儘管我早已立志「不要當一個完美的媽媽」，但我潛伏的完美主義，偶爾還是會冒出來攪局，搞得自己情緒緊繃、壓力破表，這股負能量當然也會蔓延到孩子身上。

放下完美主義，不表示得過且過

大女兒希希小學一年級視力檢查時，被發現有五十度近視。為了防止她的視力繼續惡化，我下足功夫，除了在家中各處加裝閱讀燈，也時時提醒希希，看書要保持適當距離，看三十分鐘就要休息十分鐘，一天叮嚀不下十次。我還煮了據說能夠明目、顧眼睛的枸杞決明子茶給她喝，想盡辦法要挽救她的視力。

沒想到抗戰一年多以來，希希的近視度數仍持續增加，沒辦法控制住，這讓我感到十分沮喪。我問自己：「為什麼我不能接受孩子近視？我和先生都有近視，戴眼鏡只是有些不方便而已，近視並不是什麼無可救藥的疾病啊！」

我往回追溯，發現自己表面上看似教育觀念開明，願意放任孩子自由發展，但骨子裡，我對孩子還是有既定的期待和要求。

我不像大多數望子成龍、望女成鳳的家長，希望孩子會讀書、功課好、讀名校；但是希望我們家的孩子能夠喜歡運動、喜歡閱讀、不要近視。雖然我和升學主義家長看重的面向不同，但我們都是一樣卯足全力，想把孩子塑造成自己期待的樣子。我們心裡的那把尺，都是一樣的硬、一樣的固執。

然而，很多事情不是光靠努力就可以達成的。某位教養專家曾經說過：「教養孩子是一件常常令人感到挫折的事。」不僅孩子的發展無法盡如人意，父母還得面臨一切心血付諸流水的窘境。

面對這種挫折又無助的感受，原本完美主義的我，只能強迫自己「放下、放下、再放下」：放下自己原本的期待，放下自己設立的框架，把標準一降再降，降到最低。門檻降低了，前面的道路就變得平坦了。

只是，如此低標準的人生，還會是我們想要的人生嗎？我們不正是因為無法接受某些事，所以才為自己訂下這麼高的標準嗎？

經過這段日子的調整和思考，我發現，把標準降低，並不表示要變得毫無要求、得過且過。我們仍然可以訂立高標準，然後努力達成目標。差別在於，我們不再是用完美主義、使命必達的心態，緊盯著目標不放，而是允許那條標準線從硬邦邦的鋼管，變成柔軟的橡皮筋繩。一旦發現自己的努力已經超過極限，到了「想抱怨」的地步，那就放下標準，容許不完美存在，接受次選的備案，和現實妥協，放過自己也放過孩子。

寧可功虧一簣，也別把自己榨乾

當了單親媽媽以後，我發現自己最大的改變，就是不再像從前對自己的要求那麼高，我設立界線的彈性變大了。我不再盡力把每件事情做到一百分，相反的，我覺得做到六十分就好，甚至覺得只要努力過、試過了就好。結果如何，就聽天由命吧！我還得保留精力照顧三個孩子，不能把時間浪費在那些不重要的事情上。

以前的我，期望能夠晉升「人生勝利組」；現在的我，只想當個「人生省力組」。努力過了，就放下，接受不如預期的結果，和不完美的自己和解，懂得及時卸下那些逼死自己的目標和框架，保持心情穩定、輕鬆，這樣才是真正負責任的做法。

我也不斷學習善待自己。說來諷刺，通常媽媽只要看到孩子的一個臉色，就會立刻知道孩子需要什麼，但是我們卻習慣忽視自己的需要，日積月累下來，連自己需要什麼都搞不清楚，又如何能夠好好照顧自己、滿足自己的需求？所以，我試著慢下來、靜下來，承認自己需要休息，承認自己需要發懶、耍廢一下。我知道，讓自己保持在平衡、游刃有餘的狀態，比把事情做到盡善盡美更重要。

適時的調整姿態、放下壓力，才能減緩「媽媽」這份工作的職業傷害。有些時候，當我的努力到達了臨界點，再繼續努力可能會有所突破，但卻會因此為自己帶來莫大的壓力，那麼，我寧可先停在這裡，功虧一簣，也比把自己榨乾要來得好。

孩子近視就近視吧！沒什麼大不了；沒時間煮飯，偶爾外食也不會影響孩子的健康；家裡地板有灰塵、一堆髒衣服還沒洗，就放過自己吧！先睡一覺，等週末有空再來處理也不遲；工作也要設立好界線，把自己分內的事做好，不該你做的，就勇敢推辭吧！雖然這有可能會遭人白眼，但是不推辭的成本更高，它會讓我們失去選擇的自由，也沒辦法得到別人的尊重。

我是這麼盤算的：「與其花費一百二十分的力氣，把事情做到九十分，不如花費七十分的力氣，把事情做到六十分就好，後者的性價比反而比較高。」

完美主義容易讓我們把焦點放在自己或別人沒做好的地方。因此，我們需要逆勢操作，把注意力放在自己已經做得很好的地方。

我有一位好朋友是國際學校的傑出教師，也是一位單親媽媽。她曾經跟我分享，當她的孩子進入小學後，每天放學回家，她都會問孩子三個問題：

一、你今天有什麼開心的事？
二、你覺得自己今天做得最棒的是什麼？
三、你認為自己有沒有什麼需要更進步的地方？

這三個問題，能夠幫助孩子發掘自己的優點，同時也仍保持謙卑學習的心態，她的兒子和女兒都相當開朗、自信、對人有禮貌，學習成績也非常出色。

我想，不只是孩子需要每天思考這三個問題，大人們也同樣需要。特別是單親媽媽們，當這條跑道上只有你一個人在跑時，你不只要當跑者，更要當自己的啦啦隊。

每天清空壓力，放下完美主義，多給自己一點鼓勵，放過自己，日子才會好過一點。

給單親媽媽的快樂提案

在這各式病毒蔓延的時代，人人都有機會被傳染流行病，因此在網路上有個玩笑話這樣說：「現今世代，拚的不是學歷、財力，拚的是免疫力！」由此可見健康的寶貴。

單親媽媽拚的也不是資歷、勞力，拚的是防護力！每個媽媽都不怕吃苦，只怕自己的心再次受傷。因此，我們要先提升自己心靈的防護力，才能帶著孩子身心健康、愉快的過好每一天。

有快樂的媽媽，才會有快樂的孩子。以下分享十點心得，讓我們一起做個開心喜樂的單親媽媽。

1. 我們不是「被迫」成為單親媽媽，而是「選擇」成為單親媽媽

無論造成單親的原因是什麼，例如家暴、外遇、酗酒等，我們都仍舊是有所選擇的：可以選擇留下來一起爛，或是不負責任的一走了之。但是，我們做了一個更好的選擇，為的是不讓自己繼續待在困境中；我們「選擇」陪伴孩子成長，也為自己和孩子選了一個更好的未來。沒有人逼我們，是我們甘心獻上，要用「單親」的身分，守護我們最愛的寶貝。

2. 天底下的媽媽都很辛苦，單親並沒有讓我更辛苦

教養孩子，本來就有很多令人感到挫折的時刻，如果有另一半，或許多了個人可以訴苦，但是，媽媽該做的事、該操的心、該擦的屎、該清理的飯渣，並不會因此而減少。

無論是雙親還是單親，小孩令人抓狂的次數都是一樣多的啊！若你的另一半是神隊友，或許還可以跟你一起跳雙人舞，打團體戰。但若不幸遇上豬隊友，孩子沒睡他先睡、出門倒個垃圾要花半小時、結了婚還十分聽他媽的話……那你的生活其實和單親媽媽沒兩樣。差別只在於，單親媽媽照顧自己的孩子，你還要再多照顧一個「婆婆的兒子」。

單親有單親的累，雙親有雙親的難；雙親有雙親的幸福，單親有單親的自由。

3. 當媽媽就好，爸爸的角色無人可取代

很多人對我說：「你母代父職，好辛苦！」但我從來不覺得自己有代替孩子的父親做什麼事。我只是很專心扮演好媽媽的角色，照顧孩子的起居，陪她們玩，外加無止境的碎碎唸。

至於父親的角色是什麼？我先生是家裡的水電工、冒險王、體育股長、孩子的大玩偶……那都不是我能夠取代的。所以，我容許那份空缺存在，沒有刻意想要填滿它。我常告訴孩子：「如果爸爸在的話，他一定會……。」不知不覺，爸爸空出來的位置，就被回憶和想像給填滿了。

4. 不要覺得自己虧欠孩子

自從我媽離婚後，就常對我說：「我最虧欠你們的，就是沒辦法給你們一個完整的家。」什麼是「完整的家」呢？我對它覺得很陌生，也並不希罕。我看到我媽一個人辛苦賺錢，讓我們家沒有一點缺乏，就覺得自己是一個很幸福的孩子。或許單親對孩子來說是一種缺憾，但是，我相信每一個媽媽都已盡力付出，希望能給孩子最好的生活，我們其實不欠孩子什麼！

孩子需要的不是一個辛苦又愧疚的媽媽，而是一個自信又知足的媽媽。

5. 孩子豐富了我們的生活，卻不是我們的全部

許多單親媽媽會把情感寄託在孩子身上，也有些女人因為在婚姻中飽受失望，所以把孩子視為人生的盼望。

對我來說，教養孩子是我的階段性任務，卻不是人生目標，也不代表我的身分價值。

在夜深人靜、孩子入睡後，我問自己：「如果今天我沒被孩子羈絆，我想要做什麼？」

然後我發現，那些想做的事，即使有了孩子還是可以做，雖然會進行得慢一點，甚至有時會原地踏步，卻能讓我在忙碌的育兒生活中，不遺失自己。

有一天，孩子們都會離開家，去開創自己的一片天，到時候，我會告訴她們：「放心去飛吧！不用為媽媽擔心，我一個人，也可以過得精采燦爛。」

6. 每天花幾分鐘稱讚孩子

稱讚孩子一定要具體，告訴孩子「今天他什麼事情做得很好」，不僅是經營親子關係最簡單有效的方法，也可以讓媽媽本身得到很大的安慰。

每天忙碌衝刺的生活，讓我們經常把「快一點」、「跟你講多少次了」、「你每次都這樣」這些話掛在嘴邊，也讓我們很容易忘記去欣賞孩子的優點。

稱讚孩子是需要刻意練習的。我「規定」自己，每天至少要找到三個讚美孩子的機會，例如跟孩子說：「你今天有把青菜都吃光，很棒！」「謝謝你幫忙照顧妹妹，讓媽媽可以專心的晾衣服。」「你把棉被摺得很整齊，非常好！」

我發現這麼做，受益最大的其實是我自己。這習慣幫助我把目光焦點放在孩子的優點上，也會花心思觀察孩子身上有哪些值得肯定的特質，並發現她們有哪些進步。

看見孩子一天比一天更成熟、懂事，有許多出色的表現，這對媽媽來說，不正是最棒的獎賞嗎？

7. 別期望孩子能夠理解你

俗話說：「養兒方知父母恩。」意味著除非孩子有天自己也當了爸媽，否則他們很難體會爸媽的心。

每個家庭都有一本難念的經，等孩子長大，他們或許會懂，但在孩子真正成熟之前，不能理解媽媽的擔憂和期待，這是很正常的事。

因此，戒掉那些老掉牙的台詞吧，千萬別對孩子說：「媽媽都是為你好啊！」「我一個人這麼辛苦的把你養大，你竟然……。」或是像錄音帶一般，在孩子耳邊重複播放你的「單親媽媽奮鬥史」，這些不會讓孩子跟你更靠近，反而會讓他把耳朵關起來。

媽媽無怨的付出，不用說，孩子都看在眼裡，只是子非魚，焉知魚的樂與苦？等到有一天，孩子生了孩子，他們也當了父母後，才會真正明白，原來照顧孩子整夜不能睡、衣帶漸寬終不悔、日日牽腸掛肚思念自己的骨肉……這是多麼的煎熬啊！

8. 每年都要放自己一個假

工作需要放年假，留白、歸零、沉澱、休息之後再出發。「媽媽」這份工作，一樣需要給自己一點喘息的空間。

利用大孩子去參加三天兩夜的夏令營，或是把孩子託付親友照顧幾天，媽媽也卸下母親的職務，放心去旅行吧！

當孩子不在身邊，媽媽不僅能夠回味自由的滋味，乘機實現自己的心願清單，也讓自己有機會想念孩子，更明白自己其實哪兒也不想去，只要待在孩子身邊就好。在短暫的假期結束後，媽媽會更心甘情願繼續為孩子做牛做馬。

9. 走出同溫層，結交更多好朋友

單親媽媽忙於生計，很少有時間交朋友，但其實，我們比誰都更需要朋友。除了加入單親媽媽的社群，認識一群可以互相打氣的單親媽媽外，我也很喜歡和一些雙親家庭一起出遊，讓我們家孩子有機會看見完整家庭的面貌。

此外，我也在教會認識不少單身的年輕女孩，她們小我十歲，把我當成姊姊，我們的感情就像是親姊妹。無論是在我先生住院的那段時間，我邊坐月子邊處

理先生的喪事，或是現在我一個人照顧三個孩子需要幫手時，這群姊妹是我最好的後援隊。

她們還單身，沒有家累，必要時可以在我家過夜；她們比我年輕，有足夠的體力陪小孩玩，輕易就擄獲我們家孩子的心。每個艱難的時刻，若不是有她們同舟共濟、幫忙分擔，我真不曉得要如何挺過來！

所以，再忙也別忘了與人保持聯結、花點時間經營友誼。這個世界上，最美的名字叫做「朋友」；最大的力量叫做「團隊」。

10. 我們不只是「給予」，更是在「栽種」

身為家庭的主要供應者，你常覺得自己快被掏空了嗎？

同樣是付出，「給予」和「栽種」是兩種截然不同的心態。給出去，自己就空了，也不確定是否會有回報；但我們若把自己當成農夫，將投注的心力與資源當成「栽種」，視孩子為我們耕耘的一片園地，如此就能一邊播種、澆灌，一邊想像不久的將來，這片園地會有新的作物長出來。想像整座園子繁花朵朵、結實纍纍的樣貌，期待流淚撒種的，必能歡呼收割。

媽媽帶著盼望往前行，雖然路不會因此而變得平坦，沿途要流的汗和血淚也不會變得比較少，但若我們知道，這條路的終點是「祝福」，就會激勵我們，跪著也要繼續走下去！

單親，是一生最美的決定

如果你也是一位單親媽媽，還記得自己立下決心，要獨自帶著孩子展開人生新頁的那一刻嗎？單親的缺憾阻擋不了你愛孩子的決心，你堅定志向，要用一生來守護生命中最重要的人。

我是什麼時候決定要成為單親媽媽的呢？是在我先生過世的時候嗎？不，遠在更早之前，當我發現第三個孩子意外來臨時，就已經做好心理準備，那時我告訴腹中的寶寶：「就算媽媽只有一個人，也會想辦法把你養大。」

當時我先生正在抗癌，時常住院，在醫院一待就是好幾個禮拜。先生因為生病無法工作，家裡的經濟重擔自然落在我一個人身上。我要照顧兩個女兒，又要工作，此時又來了第三個孩子，這麼重的壓力和責任，我真的有辦法負荷嗎？

很多人都勸我放棄肚子裡的胎兒，專心照顧先生和兩個孩子就好，但我卻沒有辦法捨棄自己的骨肉，即使她未成形，也是我的孩子，和兩個姊姊一樣，都是我要用生命去守護的寶貝啊！

那時，我是這麼想的：「把孩子生下來，我不知道將來會不會後悔；但若放棄這個孩子，我知道自己的餘生都會活在懊悔之中。」

每天練習照顧好自己與孩子

為了孩子，我一定要勇敢起來。在懷孕過程中，我不曾把自己當成孕婦，照樣爬上爬下整頓家務，扛起十幾公斤重的二女兒。到了懷孕後期，我挺著大肚子，晚上照常陪孩子睡覺，和兩個女兒一起擠在雙人床上，連翻身都很困難；但我的體力已經透支了，只要躺平，很快就能睡著，懷孕的不適對當時的我來說，已經至暫至輕了。

有時候我看到其他孕媽咪，先生會特地去買太太想吃的零嘴來給她解饞，會幫太太提重物，或是分擔家務，我都會為自己感到心酸。但我告訴自己：「我決定生下這個孩子，不是為了別人，是為了我自己，所以，我不需要期待別人來照顧我。既然沒有人照顧我，我就自己照顧自己吧！」

有時太累了，我就會花一點錢，請鐘點清潔工來幫我打掃。我買了孕婦需要的綜合維他命，也添購幾件喜歡的孕婦裝，時常聽喜歡的音樂……我已經準備好了，每一天都要練習照顧自己。

在我懷孕六個月時，先生又因為腦部腫瘤病危，在醫院裡待了三個禮拜。出院後，他因為腦部手術的關係，記憶力變得很差，對事情也無法有正確的判斷。有次我請他出去運動完後，回家順路去托嬰中心接二女兒回來，沒想到先生到家時，我只見到他一個人。

我問他：「妹妹呢？我不是請你順路去接她嗎？」

「啊……我忘記了。」他這才赫然想起。我只好匆匆忙忙出門，趁托嬰中心保母下班前，趕緊把孩子接回來。

現在回想起來，那時候，我就已經在實習單親媽媽的生活。我曉得，以後家裡的大小事，我都必須一手包辦。

老三出生後的第三天，我要帶寶寶出院回家坐月子。約定時間到了，我先生還沒來醫院接我們，我打電話給他，發現他身體不舒服，還在家裡睡覺。

我自己到醫院一樓的櫃台辦理出院手續，結算醫療費用。護理師看到我一個人在醫院裡忙進忙出，關心的問我：「你怎麼自己去辦手續？沒有家人來幫你嗎？你才剛生產完，傷口還沒完全好，動作要放慢一點啊！」

女人剛生完孩子，身體經歷了劇烈的變化，正是最敏感脆弱的時候，特別需要別人的關心。我想在外人眼裡，我當時的處境看起來肯定很淒慘吧！

但是，我才不要落入自憐的陷阱呢！我慶幸自己的體力恢復得很好，還有能力可以處理這些雜事，也為自己的獨立和堅強感到驕傲，我知道，未來的路還很漫長，我怎麼能被這點小事打倒？

相信自己做出的每個選擇

先生離世後，我正式成為單親媽媽，因為經歷了前段時期的特訓，我很快就對這個新角色得心應手。很多人知道我的遭遇後，都會對我說：「你好厲害，一個人養三個孩子，你是超人媽媽！」

其實，我一點都不認為自己有什麼了不起的地方，我只是碰上大多數人沒機會碰到的挑戰。我相信，任何一位媽媽碰上這種事，都會為了孩子，不得不勇敢向前走，每個媽媽都一定不會放棄自己的孩子。

若要說我和其他媽媽有什麼不同的地方，我想大概是我比較「沒有怨氣」而已。我很清楚，孩子是我要生的，當然也是自己的責任，這一切都是我自己的選擇，又有什麼好埋怨的呢？

每次把老三抱在懷裡，我都無比感謝上天的恩賜，讓我多了一個貼心又伶俐的小女兒，也感謝自己當初那個勇敢的決定，才成就了我們現在一家四口更大的幸福。

看著孩子們一天天長大，從軟嫩的小寶寶開始會爬行、走跳，從牙牙學語到口若懸河，開始跟我分享心事，幫忙我做家事，三個孩子都搶著要幫媽媽按摩。每年母親節或是我的生日，姊姊都會帶著妹妹偷偷做卡片給我，而我則要假裝不知道她們在忙什麼，這份扎扎實實的幸福，不管拿什麼要跟我交換，我都不願意換！

有句話說：「如果這是你認真思索後，為自己所做的選擇，那肯定都是最好的，時間會告訴你。」

帶孩子的時間過得好快，一轉眼，孩子就都長大了，到時我們也老了。回首從前，或許會有很多遺憾、傷疤、困惑。但我知道，我們絕對不會後悔當初做了這個最美的決定。

人生步入中年，我學會了隨遇而安，也明白了對自己而言，真正重要的是什麼。我不再追求成功，也不再渴慕名利，並深切體悟到，能夠忠於本分，活得心安理得，明白自己存在的意義，已經算是很爭氣了！

關於未來，我也沒有太多的計畫，畢竟明天如何，尚且不知道，又何必空想空談、自尋煩惱？我不再懷抱著遠大的夢想，並不是因為我對未來沒有熱情和期待，而是因為我更明白，未來在上帝手中，上帝才是做夢者，而我，就是祂的夢想。

每一位母親，都是上帝最閃亮、遠大的夢想。在前方迎接我們的，一定比過去遺落的更美好。

我那不完美卻幸福的單親旅程 / 黎詩彥著 .
-- 第一版 -- 臺北市：親子天下，2020.06
240 面；　公分 . --（家庭與生活；62）
ISBN　978-957-503-639-3(平裝)

1. 單親家庭 2. 親子關係 3. 親職教育

544.168　　　　109008583

家庭與生活 062

我那不完美卻幸福的單親旅程

作者／黎詩彥
責任編輯／林胤孝・陳子揚（特約）
編輯協力／盧宜穗
文字校對／魏秋綢
封面設計／ Ancy Pi
內頁設計／連紫吟・曹任華
行銷企劃／蔡晨欣

發行人／殷允芃
創辦人兼執行長／何琦瑜
副總經理／游玉雪
總監／李佩芬
副總監／陳珮雯・盧宜穗
資深主編／張則凡
副主編／游筱玲
資深編輯／陳瑩慈
資深企劃編輯／楊逸竹
企劃編輯／林胤孝
版權專員／何晨瑋・黃微真

出版者／親子天下股份有限公司
地址／台北市 104 建國北路一段 96 號 11 樓
電話／（02）2509-2800　傳真／（02）2509-2462
網址／ www.parenting.com.tw
讀者服務專線／（02）2662-0332　週一～週五：09:00~17:30
讀者服務傳真／（02）2662-6048
客服信箱／ bill@service.cw.com.tw
法律顧問／台英國際商務法律事務所　羅明通律師
總經銷／大和圖書有限公司　電話：（02）8990-2588

出版日期／ 2020 年 6 月第一版第一次印行
定　價／ 350 元
書　號／ BKEEF062P
ISBN ／ 978-957-503-639-3（平裝）